Business Modeling
for Digital Transformation

디지털 트랜스포메이션을 위한 비즈니스 모델링

윤기영·김숙경·박가람

박영사

머리말

무어의 법칙과 스마트폰으로 상징되는 디지털 혁명은 산업사회를 지식 사회와 디지털 사회로 이행하게 했다. 세계경제포럼의 회장인 클라우스 슈밥이 밝혔듯이 디지털 혁명은 제4차산업혁명의 핵심 기반이자 동시에 ICT 기술과 비즈니스의 융합으로 인한 근본적 변혁을 의미하는 디지털 트랜스포메이션의 원인이 되어 왔다.

디지털 트랜스포메이션은 2010년 초부터 세계적 관심을 받았다. 이에 따라 한국 사회 내에서 그 관심이 늘어왔다. 2017년부터 디지털 트랜스포메이션을 주제로 한 책이 한두 권씩 출간되었고, 디지털 전략 최고 책임자(CDO)를 두는 기업도 증가하기 시작했다. 드디어 2019년을 디지털 트랜스포메이션 원년으로 선언하는 기업도 나타났다.

저자는 우리나라에서 일어나는 디지털 트랜스포메이션에 관한 관심과 움직임이 반가웠다. 디지털 트랜스포메이션이 기업, 정부, 사회를 근본적으로 변화시키는 원동력이 될 것으로 보았기 때문이다. 하지만 동시에 우리는 우리나라 디지털 트랜스포메이션 동향에 대해 몇 가지 본질적인 질문을 떠올리지 않을 수 없었다.

첫째, 디지털 트랜스포메이션의 핵심동인은 무엇인가? 디지털 트랜스포메이션이 어떤 방향으로 진행될지 가늠하기 위해서는 우선 그 핵심동인을 파악하는 것이 중요하다. 핵심동인에 대한 이해가 부족한 상태에서 디지털 트랜스포메이션을 한다는 것은, 방향 감각을 잃은 자동차를 모는 것과 같다. 아무리 내가 자동차를 잘 몬다고 해도 그 움직임의 방향과 속도가 계획한 대로 되지 않을 것이기 때문이다.

둘째, 제4차산업혁명, 제2기계시대 등 미래의 변화를 전망하는 다양한 용어와 디지털 트랜스포메이션은 어떤 관계가 있는가? 디지털 트랜스포메이션과 클라우스 슈밥의 '제4차산업혁명', 그보다 먼 미래를 전망한 제레미 리프킨의 '제3차산업혁명', 에릭 브린욜프슨과 앤드루 맥아피의 '제2기계시대', 피터드러커의 '자본주의 이후의 지식사회'는 어떤 관계인가? 앨빈 토플러의 '제3의 물결'이 말하는 큰 흐름에서 디지털 트랜스포메이션은 그 흐름 중 어디에 있는가? 큰 흐름의 여진인가, 아니면 본진인가? 디지털 트랜스포메이션은 레이 커즈와일의 과장된 '특이점'의 전조에 불과한가? 이러한 다양한 용어들의 난립은 사람들을 혼란스럽게 한다. 만약 이들 용어가 같은 산을 다른 방향에서 본 표현에 불과하다면, 그 맥을 잡고 관통하는 정수를 찾아내야 한다. 그렇지 않고 이들 용어가 다른 산의 풍경을 표시한 것이라면, 이들 변화의 방향을 통합하여, 대응하고 준비하는 것이 필요하다.

셋째, 디지털 트랜스포메이션의 대상 범위는 어디까지인가? 디지털 트랜스포메이션의 정의가 디지털기술로 인한 전환과 변혁이라면, 그 전환과 변혁의 대상은 비즈니스에 국한하는가? 아니면 기업 조직과 문화로까지 확장되는가? 아니면 그 이상의 정부조직과 국가와 인류사회까지 그 영향을 미치는가? 한국 사회에서 디지털 트랜스포메이션의 주요 대상은 기업, 그중에서도 특히 서비스업에 국한해서 인식하는 경우가 많다. 정부의 디지털 트랜스포메이션에 대한 관심도 커지고 있는 것으로 보이지만, 이 책의 머리말을 쓰는 현재에 그 관심은 여전히 낮은 수준으로 판단된다. 어떻든 디지털 트랜스포메이션의 대상을 이해해야 경영환경과 정책환경의 변화를 알 수 있다. 이들 환경을 알아야 정책과 전략을 수립할 수 있다. 그리고 대상 범위에 대한 질문은 전략과 정책의 주체에 대한 질문이기도 하다.

넷째, 디지털 트랜스포메이션 대상 기간은 언제까지인가? 디지털 트랜스포메이션은 1년으로 완료되는가? 혹은 5년으로 완료되는가? 아니면 10

년 혹은 30년이 걸릴 것인가? 디지털 트랜스포메이션이란 용어가 30년을 지속하지는 않을 것이나, 그 근본 동인과 움직임은 21세기 전반기 내내 기업환경과 정책환경의 근본적 변화를 가져오지 않을까? 그리고 그 변화의 모습은 정적인 것이 아니라 동적이며 지속적으로 그 변화 위에 변화가 일어날 텐데, 그 동적 변화를 어떻게 전망하고 준비할 것인가? 다시 말하자면 디지털 트랜스포메이션을 화두로 하여 경영전략과 정부 정책은 어느 정도의 미래를 예측하고 수립해야 하며 수정해야 하느냐의 질문이다.

다섯째, 디지털 트랜스포메이션을 구체적으로 수행하는 방안은 무엇인가? 다른 질문에 비해 이 질문은 미시적이고 구체적이며 실무적인 질문이다. 앞의 질문이 전략과 거시적 방향을 위한 것이라면, 이 질문은 '지금 무엇을 할 수 있으며, 어떻게 해야 하는가'에 대한 질문이다. 컨설팅 조직과 학자의 다양한 정의에서 공통된 것은 비즈니스 모델의 변혁인데, 이 비즈니스 모델을 어떻게 디지털기술과 융합하게 할 것인가에 대해 구체적 방법론을 찾기는 쉽지 않았다. 비즈니스 모델은 디지털기술을 이용하여 어떻게 변혁할 수 있는가? 디지털 비즈니스 모델이나 디지털 정책 모델을 만드는 구체적 방안이 없다면, 비즈니스 모델 변혁을 해야 한다는 요구는 과감한 주장과 단순한 구호에 불과하다. 디지털 트랜스포메이션을 주장하기 위해서 이에 대한 구체적이고 실질적인 답을 마련해야 한다.

여섯째, 한국 사회가 참조할 만한 디지털 트랜스포메이션 사례가 무엇인가? 구글, 아마존, 에어비앤비 등의 디지털 비즈니스로 탄생한 기업들의 사례가 디지털 트랜스포메이션 사례로 충분한가? 그리고 미국 중심의 글로벌 사례가 한국 사회가 참조할 수 있는 사례인가? 그렇지 않다면 보다 다채로운 사례를 제시하는 것이 필요하다. 전략이란 유일성을 지녀야 차별적 경쟁력을 지닐 수 있다. 정책에도 모방이 아니라 혁신이 필요하다. 정책이란 일련의 맥락 내에서 수립되며, 맥락이 동일한 정책환경이 존재하는 경우는 예외적이기 때문이다. 사례연구는 모방이 아니라, 시행착오를 줄이고 전략과 정책의 고유성을 지키고 강조하려는 방안이다. 또한 제조업 의존도가 높은 한국 사정을 고려하여 디지털혁명 이전에 설립된 기업들의 생존을 위한 디지털 트랜스포메이션 전략이 필요하다. 그런 차원에서 다양한 분야에 적용된 디지털 트랜스포메이션 사례연구가 필요하다.

이 여섯 가지의 질문에 대해 고민과 답을 찾다 보니, 부족하나마 한 권의 책을 완성할 수 있었다. 첫 번째부터 세 번째 질문은 I장에서, 네 번째 질문은 II장에서, 그리고 다섯 번째와 여섯 번째 질문은 III장에서 고민을 진척하고, 동시에 그에 대한 답을 탐색했다.

우리가 디지털 트랜스포메이션에 대해서 완성되거나 혹은 완벽한 고민과 답을 찾았다고 생각하지 않는다. 우리 저자들의 부족함이 가장 큰 원인이겠으나, 디지털 트랜스포메이션 그 자체도 완성된 것이 아니라 지금도 변화하고 있기 때문이다. 모든 것은 변하며, 디지털 트랜스포메이션도 끊임없이 변전(變轉)할 것이다. 따라서 저자들의 고민과 답은 완료된 것이 아니며, 여전히 현재 진행형이다. 대기면성(大器免成)인 까닭이다.

최근 우리나라에서 디지털 트랜스포메이션을 비용 절감이나 효율성 개선이 아닌 비즈니스 모델의 변혁으로 보는 경우가 늘어나고 있다. 특히 일부 기업은 디지털 트랜스포메이션이 성공하기 위해서는 기업의 문화, 조직 구조, 성과평가 제도의 변화가 있어야 한다는 것을 인식하는 데까지 이르렀다. 기업과 조직은 실험 쥐가 아니므로 궁극적 전환을 위해 작은 성공(Small Win)을 누적시키는 현실적 접근을 하겠다는 전략도 등장하기 시작했다. 모두 바람직한 현상이다.

디지털 트랜스포메이션에 대해 인식이 부족한 기업과 정부 조직에는 구체적 실행방안을, 그 인식이 충분한 조직에는 단·중·장기의 디지털 트랜스포메이션에 대한 전략과 정책 방안을, 디지털 트랜스포메이션의 거시적 흐름을 이해하는 조직에는 디지털 혁신 아이디어의 씨앗을 심어주는 것이 이 책의 집필 목적이었다. 큰 목적에 비해 그 성과는 크지 않았음을 자백한다. 그러나 이 책을 통해서 디지털 트랜스포메이션의 길을 여는 작은 등불 하나 는 얻을 수 있을 것으로 자신한다.

우리는 이 책을 집필하면서 큰 즐거움을 느꼈다. 가장 먼저 좋은 공동 저 자들을 만났기 때문이다. 인생은 운이며, 운은 어떤 사람을 만나느냐에 달렸 다는 실증적 연구가 있다. 우리는 서로가 서로에게 행운이었음을 알며, 서 로에게 큰 고마움을 표한다. 우리가 이 시기에 함께 만날 수 있어서, 2011년 부터 고민했던 디지털 트랜스포메이션을 더 구체화할 수 있었다. 이를 통해 큰 배움을 얻었고, 디지털 트랜스포메이션에 대한 다양한 시각과 고민, 이에 대한 현실적 대안을 찾을 수 있었다. 이 배움이 우리가 더 많은 질문을 갖도 록 했음은 당연하다. 새로운 질문과 그에 대한 답은 다음 책에서 펼칠 수 있 도록 하겠다.

이 책이 나올 때까지 도움을 주신 분들에게 큰 감사를 드린다. 박영사 전 채린 과장의 꼼꼼하면서도 애정 있는 교정과 조언이 없었다면, 이 책은 읽 기 어려운 완료되지 않은 휘발성 생각으로 가득했을 것이다. 또 박영사 임 재무 이사와 이영조 팀장의 신뢰와 지원이 없었다면 우리들의 고민과 답이 책으로 출간되기 어려웠을 것이다. 그리고 우리들과 함께 항상 고민하고 갈 구하며 우리의 연구와 사고를 동행해준 가족과 지인 분들께도 지면을 통해 감사의 말씀을 드린다.

2019년 2월
윤기영, 김숙경, 박가람 저자 일동

차 례

●

●

I 생존게임, 디지털 트랜스포메이션

II 디지털 트랜스포메이션 미래전략

III 디지털 트랜스포메이션 시대의 비즈니스 모델링

I

생존게임,
디지털 트랜스포메이션

Business Modeling for
Digital Transformation

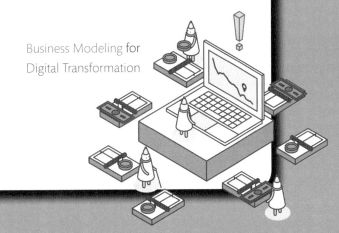

1 디지털 트랜스포메이션과 생존게임

가 VUCA 시대의 도래

21세기 들어서면서 미래를 한 치 앞도 내다보기 힘들게 되었다. 예측하지 못한 혹은 통제할 수 없는 외생변수의 발생으로 세계가 요동치고 있기 때문이기도 하다. 동시에 디지털 기술 혁명으로 인한 4차산업혁명과 디지털 트랜스포메이션 등은 미래 변화의 속도를 가속화시키고 있다. 현재 상황은 변동하며 불확실하고 복잡하며 모호한 것을 특징으로 한다. 이를 VUCA라고 한다.

VUCA는 변동 혹은 휘발성을 의미하는 Volatility, 불확실성을 의미하는 Uncertainty, 복잡성인 Complexity, 모호성의 Ambiguity의 두문자이다. VUCA는 1987년 미 육군참모대학교에서 냉전 이후에 다원적 세계로 변환된 국제정치 상황을 묘사하기 위해 처음 사용되었다. 디지털 기술 혁명으로 인한 미래의 역동적 변화와 세계화 및 인터넷의 등장으로 인한 복잡성의 증가 등을 표현하는 단어로 VUCA는 적절한 것으로 판단된다. 최근 VUCA의 A는 (Accelerating), 즉 변화의 가속도로 표현되기도 한다.

VUCA를 '현재 상황에 대한 이해'와 '행위의 결과에 대한 예견의 정도'를 두 축으로 하여 매트릭스로 구분하는 접근도 있다. 이러한 이해는 충분히 의미가 있다. 그러나 복잡성(Complexity)과 변화의 역동성(Volatility)이 불확실성의 요소라는 견해도 있다. 변화의 진행에 따라 맥락적 의미가 달라지기도 한다. 이는 모호성(Ambiguity)의 원인이 된다. 즉, VUCA가 가지는 의미를 21세기의 변화의 가속도를 의미하는 새로운 조어로 이해하고 접근하는 것이 21세기를 규정하는 데 편의성이 있다고 판단된다.

VUCA의 시대에 기업 등의 조직이 어떻게 살아남을 것인가에 대한 질문은 매우 중요하다. 1980년대 전략계획의 쇠퇴는 중장기 미래예견(Predict)이 불가능했기 때문이다. 특정한 시점에 특정한 일이 발생할 것을 예측하는 것을 예견이라고 한다. 그러한 예견이 불가능하다는 것은 반복적으로 입증되었다. 따라서 순간순간의 변화에 대응하고 적응하는 전략이 최선이라는 주장이 힘을 얻었다. 그러나 21세기의 VUCA는 대응하고 적응할 수 있는 시간적 여유를 주지 않는다는 점에서 기존의 사회적 변화의 모습과 다르다. 따라서 새로운 전략과 대응방안이 필요하다.

VUCA로 인한 생존게임에 대한 정확한 답을 내놓기 위해서는, 먼저 21세기 VUCA의 원인을 진단하는 것이 필요하다. 원인을 알지 못하고 처방을 내놓을 수 없기 때문이다.

🔲 나 범용기술의 기하급수적 증가

범용기술(General Purpose Technology)이란 국가 혹은 전지구적 차원에서 생산성의 증가 등을 원인으로 경제에 근본적 영향을 미칠 수 있는 기술을 의미한다.「경제의 트랜스포메이션」의 저자인 리처드 립시(Richard Lipsey)와 케네스 카를로(Keneth Carlaw) 등[1]은 범용기술을 삶의 방식과 같은 질적 변화를 야기하는 것을 의미한다고 했다. 범용기술이 중요한 이유는 범용기술의 파급력에 있다. 범용기술은 인류의 역사에 근본적 변화를 가져왔다. 범선의 등장으로 서구열강이 제국을 건설할 수 있게 되었고 증기기관은 산업혁명을 가져왔다. 증기기관과 전기 등의 범용기술은 경제시스템뿐만 아니라 정치, 경제 및 사회에 근본적 변화를 가져왔다.

립시 등은 범용기술을 "상당한 파급효과를 야기하여, 발명과 혁신의 가능성을 확장하고, 자본투자의 수익제고를 위한 기회를 만들어내는 범용적 제

---

1 Richard Lipsey & Carlaw Kenneth & Bekhar Clifford (2005).「Economic Transformations: General Purpose Technologies and Long Term Economic Growth」. Oxford University Press.

표 1	범용기술 목록		
범용기술	파급효과	기간	분류
농업	신석기 농업혁명	9000–8000BC	공정
목축	신석기 농업혁명, 축력 사용	8500–7500BC	공정
광석제련	초기 금속 도구	8000–7000BC	공정
바퀴	기계화, 도자기 제조 바퀴	4000–3000BC	제품
문자	무역, 기록 보관	3400–3200BC	공정
청동기 시대	도구와 무기	2800BC	제품
철기 시대	도구와 무기	1200BC	제품
수차	무인 동력, 기계 시스템	중세 초기	제품
3본 마스트 범섬	신세계의 발견, 해양 무역, 식민주의	15세기	제품
인쇄	지식 경제, 과학 교육, 금융 여신	16세기	공정
공장 시스템	산업 혁명, 상호 교환 가능한 부품	18세기 후반	조직
증기기관	산업 혁명, 공작 기계	18세기 후반	제품
철도	교외, 통근, 공장 위치 선정의 유연함	19세기 중반	제품
철 증기기관 배	국제 농업 무역, 국제 관광, 드레드 노트 전함	19세기 중반	제품
내연 기관	자동차, 비행기, 석유 산업, 모바일 전쟁	19세기 후반	제품
전기	중앙 집중식 발전, 공장 전기, 전신 통신	19세기 후반	제품
자동차	교외, 통학, 쇼핑센터, 장거리 국내 관광	20세기	제품
항공기	국제 관광, 국제 스포츠 리그, 모바일 전쟁	20세기	제품
대량 생산	소비주의, 미국 경제의 성장	20세기	조직
컴퓨터	디지털 혁명	20세기	제품
린 프로덕션	일본 경제 성장	20세기	조직
인터넷	디지털 경제(Electronic business), 크라우드 소싱(Crowdsourcing), 소셜 네트워킹, 정보 전쟁	20세기	제품
생명공학기술	유전자 조작 식품, 생물 공학, 유전자 요법	20세기	공정
비즈니스 가상화	종이 없는 사무실, 재택근무, 소프트웨어 에이전트	21세기	공정
나노물질 기술	나노 물질, 나노 약품, 양자점 태양 전지, 표적 암 치료	21세기	제품
인공지능 기술	자율 주행 차, 인벤토리 로봇, 산업용 로봇	21세기	공정

품, 공정 및 조직 형태"로 정의하며, 범용기술이 되기 위한 4대 기준을 제시했다.

- 단일하며 인식 가능한 일반 기술일 것
- 초기에는 상당한 수준의 개선이 필요하나, 곧 경제 전반에 걸쳐 널리 활용가능할 것
- 다양한 용도를 보유할 것
- 광범위한 파급효과를 발생시킬 것

립시와 카를로 등은 같은 글에서 대표적인 범용기술로 증기기관, 철도, 전기, 전자, 자동차, 정보통신기술, 인터넷, 블록체인, 가상·증강 현실 기술 등 26개의 기술을 제시했다.

립시 등이 제시한 범용기술은 20세기와 21세기 기술이 함께 포함되어 있다. 범용기술이 국가적 차원의 상당한 경제적 효과를 가지고 있다는 점에서, 아직 그 경제적 효과가 검증되지 않았다는 비판이 있을 수 있다. 또한 IT 기술 등에 대해서도 범용기술 여부에 대한 비판 의견이 있을 수 있다. IT 투자와 생산성 간에 인과관계를 찾기 어렵다는 주장 때문이다. 사실상 21세기 초에 IT 투자와 영리 법인의 주가 간에 의미 있는 상관관계를 찾을 수 없어, 'IT의 역설'에 대한 논란이 있었다. 그러나 최근의 경제적 분석을 보면 로봇은 1993년부터 2007년까지 0.36%, 정보기술은 1995년 2005년까지 0.60% 수준으로 경제성장[2]에 기여한 것으로 나타났다. 참고로 증기기관은 1850년에서 1910년까지 연평균 0.34%의 경제성장의 원인이 되었다.

이들은 비즈니스 가상화와 나노물질기술도 범용기술로 판단했다. 그런데 현재 나노물질기술의 성숙도는 아직 미흡한 것이 현실이다. 그러나 멀지

---

2 Mark Muro & Scott Andes (2015). Robots Seem to Be Improving Productivity, Not Costing Jobs. Harvard Business Review.

않은 미래에 나노물질기술이 발달할 것으로 기대된다. 그럴 경우 의료 및 제조물 등에 상당한 영향을 미칠 것이다. 이에 대해서는 학자와 실무자 간에 이의가 없는 것으로 알고 있다. 현재 기술 수준으로는 그 기술의 범용적 상용화 수준까지 가기 위해서는 가야 할 길이 적지 않게 남아 있다. 원격 근무 등의 비즈니스 가상화도 한때 큰 영향이 있을 것으로 믿어졌으나, 이를 실현하기 위한 기술이 충분히 성숙하지 않은 상태다. 그러나 역사적 경험을 통해서 현재 출현하는 기술이 범용기술이 될 가능성이 있는지에 대해서 점검하는 것이 가능하다. 따라서 립시 등이 제시한 범용기술의 특징을 기준으로 미래 범용기술 후보군을 평가할 수 있다.[3]

이들이 나열한 범용기술에 동양에서 발명한 종이, 화약 및 나침반이 등록되지 않은 것은 주목할 만하다. 그들이 서양 중심의 편향을 가졌을 것이

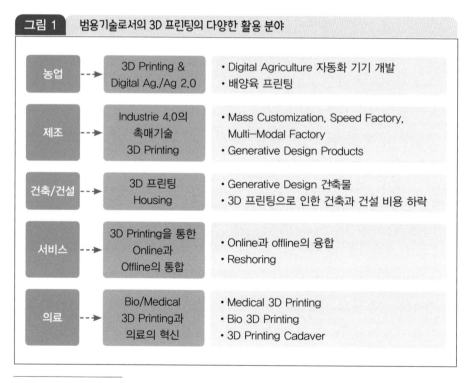

그림 1 　범용기술로서의 3D 프린팅의 다양한 활용 분야

농업	3D Printing & Digital Ag./Ag 2.0	• Digital Agriculture 자동화 기기 개발 • 배양육 프린팅
제조	Industrie 4.0의 촉매기술 3D Printing	• Mass Customization, Speed Factory, Multi-Modal Factory • Generative Design Products
건축/건설	3D 프린팅 Housing	• Generative Design 건축물 • 3D 프린팅으로 인한 건축과 건설 비용 하락
서비스	3D Printing을 통한 Online과 Offline의 통합	• Online과 offline의 융합 • Reshoring
의료	Bio/Medical 3D Printing과 의료의 혁신	• Medical 3D Printing • Bio 3D Printing • 3D Printing Cadaver

---

3 윤기영, 2018. 디지털범용기술의 출현과 디지털 트랜스포메이션의 전개. 미래연구 3권 2호.

라는 의심은 합리적일 것이다. 그러나 그런 편향은 여기서는 일단 일종의 애교로 봐주도록 하자. 그런데 이들이 제시한 범용기술은 최근 4차산업혁명 등에서 논의된 기술이 상당히 빠져있음을 알 수 있다. 이는 이들이 연구한 시점이 2005년으로 현재 기술 동향에 대한 분석이 충분치 못했기 때문인 것으로 이해할 수 있다.

예를 들어 3D 프린팅 기술은 대표적인 범용기술에 해당한다. 아직 그 경제적 효과는 명확하지 않으나, 립시 등이 제세한 범용기술 4대 기준을 모두 만족시키고 있기 때문이다. 3D 프린팅은 개념기술이나, 단일하며 인식가능하다. 아직 상당한 개선이 필요하지만 제조업 생명주기에 근본적 변화를 주며, 항공·자동차·서비스·의류·주택 등의 다양한 분야에서 활용되고, 제조물의 개념변화와 이에 따른 제조업 구조변화를 야기하는 등의 광범위한 파급효과가 있다.[4] 3D 프린팅 기술에 대해서는 해당 기술이 보다 발전하면 범용기술이 될 것이라는 주장도 존재한다.[5]

3D 프린팅 기술이 미래핵심기술의 하나라는 것에 대해서는 다양한 컨설팅 조직과 미래기술 조사 보고서에서 의견이 일치하고 있다. PwC, 매킨지, OECD 과학기술혁신이사회, 가트너 등의 관련 보고서에서는 3D 프린팅을 핵심 기술로 선정했다. 3D 프린팅은 제조에서 생명과학까지, 농업에서 우주기술까지, 에너지 기술에서 나노물질기술까지 영향을 미칠 것이다. 따라서 저자는 3D 프린팅을 범용기술로 보는 것이 타당하다고 판단한다. 다만 비용효율성을 확보하고 최종 3D 프린팅 산출물의 물리적, 화학적으로 요구되는 품질을 충분하게 만족시키기 위해서는 기술이 보다 성숙해질 필요는 있다. 그리고 해당 기술이 기하급수적으로 발달하고 있기도 하다.

21세기의 범용기술은 3D 프린팅만 있는 것은 아니다. 그 이외에 다양한

---

4 윤기영 (2018). "3D 프린팅 미래전략 보고서." 3DFia.
5 Zach Simmering (2014). Is 3D Printing a General Purpose Technology?. accessed 2018.10.16. http://lui-e.blogspot.com/2014/05/is-3d-printing-general-purpose.html

표 2	21세기 범용기술 후보군			
순번	범용기술	출현 시기	구분	디지털 기술 여부
1	자동차	20세기	제품	
2	항공기	20세기	제품	
3	대량 생산	20세기	조직	
4	컴퓨터	20세기	제품	○
5	Lean Production	20세기	조직	
6	인터넷	20세기	제품	○
7	생명공학기술	20세기	프로세스	○
8	비즈니스 가상화	21세기	프로세스	○
9	나노물질 기술	21세기	제품	
10	인공지능	21세기	프로세스	○
11	3D 프린팅	21세기	프로세스	○
12	크리스퍼(CRISPR)	21세기	프로세스	○
13	가상/증강/혼합현실(VR/AR/MR)	21세기	제품	○
14	블럭체인	21세기	프로세스	○
15	신경망기술	21세기	프로세스	○
16	소형 위성기술	21세기	제품	○
17	사물통신/산업용 사물통신	21세기	프로세스	○
18	빅데이터	21세기	프로세스	○
19	드론	21세기	제품	○
20	스마트 로봇	21세기	제품	○

범용기술 후보군이 존재한다. 〈표 2〉는 다양한 미래기술 보고서 등을 참고하여 제시한 범용기술 후보군이다. 1번부터 10번까지의 범용기술은 립시 등이 제시한 것에서 가져왔고, 11번에서 20번까지는 저자가 새로 추가한 것이다.

　인공지능 아래 11번부터 20번까지의 10개 기술은 다수의 기술 트렌드 보고서 및 이들 기술의 범용성과 경제적 영향도를 분석하여 추가한 것이다.

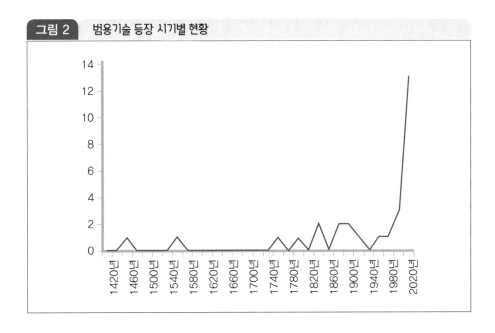

그림 2 범용기술 등장 시기별 현황

립시 등의 범용기술 4대 기준을 근거로 추가적인 10개 범용기술을 도출한 것임을 다시 한 번 강조한다. 다만 이들 기술이 범용기술인지에 대한 합의된 의견을 찾기는 어려웠다.

추가 범용기술과 관련해서 주목할 점은 크게 두 가지이다. 하나는 그 증가속도이며, 다른 하나는 디지털과의 관련성이다. 21세기에 등장하는 범용기술을 디지털 범용기술이라고 따로 분류하는 것이 필요하다. 우선 범용기술 증가의 기하급수성을 도표로 그려보면, 명확하게 드러난다.

범용기술의 등장 추이는 데이터의 증가속도, 지식의 증가속도와 같이 기하급수성을 보여주고 있다. 범용기술이 가진 사회적 파급력과 경제적 효과를 감안한다면, 21세기 초반부에 등장한 이들 다수의 범용기술이 비즈니스뿐만 아니라 정치·경제·사회에 끼칠 영향력의 정도를 상상하기 어렵다. 더구나 이들 범용기술은 개별적으로 적용되는 것이 아니라, 서로 융합하고 연결되고 결합되어 활용된다는 것을 감안하면 더욱 그렇다.

사물통신 기술은 인공지능을 발전시킬 수 있는 데이터를 생성하며, 보다 발달된 인공지능은 가상현실과 증강현실세계를 보다 용이하게 만들 것이다. 가상현실과 증강현실 세계의 물건은 3D 프린팅에 의해 현실화되며, 3D 프린팅은 전도체 프린팅을 통해 사물통신 기술의 급격한 발전을 가져올수 있다. 신경망기술에 의한 뇌와 컴퓨터 인터페이스로 사물통신 기술은 인간의 인지와 육체의 확장을 가능하게 할 것이다. 가상현실과 증강현실 기술에 의해 인류는 멀리 떨어진 로봇을 통제하고 사용할 수 있다. 또한 시각, 청각, 촉각, 미각의 오감의 재현이 모두 가능한 완벽한 몰입형 가상현실 세계는 삶의 의미와 가치에 대한 새로운 도전이 될 수도 있다. 일부 전문가들은 2038년이 되면 뇌와 컴퓨터 인터페이스, 햅틱 등의 기술을 이용하여 가상현실 세계가 보다 완벽해질 것으로 전망하고 있기도 하다.[6] 현재 가상현실 기술의 발전속도는 기하급수성을 보여주고 있다. 3D 프린팅과 드론 및 로봇이 결합됨으로써 제조업과 건축업의 위상전이가 발생하고, 사이버 세계와 현실세계 사이의 단절은 사라지고, 강력한 매듭으로 연결된다.

증기기관의 발명으로 전통적인 농업사회에서 산업사회로 진입할 수 있었고, 그로 인해 자본주의가 정착되고, 근대적 교육체계가 수립되었으며, 관료제 공무원이 경쟁력을 가지게 되었으며, 민주주의가 등장하고 성숙할 수 있는 환경이 구축되었다. 전기의 발명 하나로 공장의 위치 선정이 비교적 자유로워졌고 기업은 수직적 통합을 강화하기 시작했다. 자동차의 발명으로 도시의 수평적 확장이 이뤄졌다.

범용기술 하나하나가 인류의 삶과, 상품과 서비스, 그리고 기업의 비즈니스 모델에 근본적 변화가 일어났다. 그런데 20세기 중반까지 범용기술의 출현은 상대적으로 드물었다. 범용기술의 전파속도는 느렸으며, 이에 따라 신속 추격 전략(Fast Follow)은 충분한 타당성을 지닐 수 있었다. 한국은 산업

---

6 Things To Come: a timeline of future technology. Futurism. accessed 2018.10.16. Thttp://wordpress.futurism.com/images/things-to-come-a-timeline-of-future-technology-infographic/

사회의 끝물에서 신속 추격 전략으로 선진국으로 올라갈 수 있었다.

그런데 그런 범용기술이 한두 개가 아니라 10개 이상이 동시에 등장한다면 어떤 일이 벌어질까? 상상하는 것은 가능하나, 가늠하는 것은 불가능하다. SF적 상상력은 발휘할 수 있으나, 그 전개를 전망하는 것은 쉽지 않다. SF적 상상력은 자기실현적 예언이 될 수도 있으나, 복합적 기술의 발전은 기업의 의미와 가치 그리고 비즈니스 모델과 생명주기에 어떠한 영향을 미칠지 예측하는 것은 불가능하게 되었다.

그런데 이들 새롭게 등장한 범용기술은 모두 디지털 범용기술이다. 디지털 기술이란 데이터, 정보 및 지식의 라이프사이클과 흐름을 변화시킨다. 자본주의 시스템도 일종의 데이터와 정보 시스템[7]으로 볼 수 있다. 따라서 디지털 범용기술의 혁명적 증가는 조직 구조, 생산품, 서비스, 전체 공정 및 사용자 경험과 융합되어 문화와 가치를 변화시킴과 아울러 기존의 정치경제 시스템에도 파괴적 혁신을 가져올 수 있다.

21세기 VUCA의 근본적 동인은 디지털 범용기술의 지수적 증가에 있다고 단언할 수 있다. 디지털 범용기술에 대한 전략적 접근을 일단 디지털 트랜스포메이션이라고 할 수 있다.

다 디지털 트랜스포메이션이란

21세기 들어서면서 디지털 트랜스포메이션(Digital Transformation)이 크게 화두가 되었다. 최근 화두가 된 4차산업혁명과 검색 현황을 비교해보면 이는 명확해진다.

2014년 이후 디지털 트랜스포메이션에 대한 검색빈도가 급증하고 있음을 확인할 수 있다. 비교를 위해 〈그림 3〉과 같이 4차산업혁명과 인더스트리 4.0을 같이 검색했다. 구글 트렌드는 시기별 검색빈도를 추세곡선으로

---

7 유발하라리 저, 김명주 역 (2017). 「호모데우스」. 김영사.

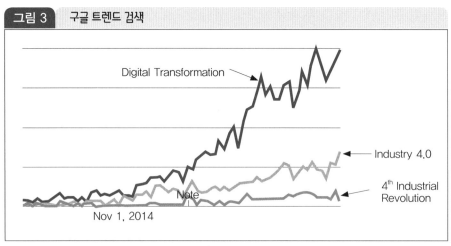

키워드: Digital Transformation, Industry 4.0, 4th Industrial Revolution, 2018.07.31.

보여주는 구글의 서비스이다. 과거 독감 전파를 예측했던 것과 유사한 알고리즘으로 구현되어 있다. 다만 구글 트렌드를 예측 시스템으로 보는 것에 일종의 과장으로 생각해야 함을 주지할 필요가 있다. 현상이 발생하고 이를 분석하는 데는 시간이 걸린다. 구글 트렌드는 그 시간 지연을 최소화하고 실시간 추세를 조사할 수 있도록 하는 시스템이지, 미래를 예측하도록 하는 것은 아니다. 빅데이터 분석도 현황을 실시간 분석할 수 있도록 하는 것이지, 미래를 예측하도록 하는 시스템은 아니다.

디지털 트랜스포메이션에서 트랜스포메이션은 형태(form)를 바꾸(trans)었다는 의미다. 따라서 트랜스포메이션은 변형 혹은 탈바꿈으로 해석이 가능하다. 일부 학자나 실무가는 디지털 트랜스포메이션을 디지털 변형 혹은 디지털 탈바꿈이라고도 번역하기도 한다. 저자는 디지털 트랜스포메이션을 디지털 혁명과 디지털 범용기술의 급증에 따른 근본적 변화를 강조하고 싶어서, 디지털 변혁(變革)이라고 번역한다. 다만 이 책에서는 굳이 번역하지 않고 디지털 트랜스포메이션이라고 했다. 네이버 데이터랩으로 검색 키워드 현황을 조사한 결과 '디지털 트랜스포메이션'이 압도적이기도 하고, 전문가 대부분이 디지털 트랜스포메이션이라고 하기 때문이다.

2016년 다보스에서 4차산업혁명을 주창했던 세계경제포럼(WEF)은 2015년 산업별 디지털 트랜스포메이션(Digital Transformation Industries)에 대한 연구를 진행하여 2016년 1월 일련의 보고서를 작성했다. 2017년에는 디지털 트랜스포메이션 주도(Digital Transformation Initiatives) 백서를 발표하기에 이르렀다. 전체적으로 조망하면 세계경제포럼의 디지털 트랜스포메이션에 대한 관심은 가트너와 같은 기술 미래예측기관이나 IBM과 같은 IT 전문 컨설팅, 소프트웨어 및 하드웨어 업체에 비해서 상대적으로 늦은 편이다.

가트너는 2010년대 초반 모바일, 빅데이터, 사물통신, 소셜네트워크의 4가지 힘이 연결되어 비즈니스 환경에 본질적 변화가 올 것으로 전망했다. 컨설팅 회사인 Capgemini는 MIT와 함께 디지털 트랜스포메이션 로드맵을 발표했으며, IBM도 2010년대 초 디지털 트랜스포메이션에 대한 정의를 내리고 새로운 변혁이 다가올 것을 전망했다. 이들 조직 외에도 거의 모든 글로벌 컨설팅 회사와 정부는 디지털 트랜스포메이션에 방법론과 성숙도 모델을 발표했다.

디지털 트랜스포메이션에 대한 대중의 관심도만 높아진 것이 아니다. 디지털 트랜스포메이션과 관련하여 방법론, 사례분석, 성숙도 모델, 아키텍처 구조, 정책백서 등이 여름 장대비 마냥 쏟아지고 있다. 관련 학술 논문 등의 동향을 보면 이는 명확해진다. 2010년도부터 논문 등의 추이를 분석한 결과 지수적으로 증가하는 것을 알 수 있다. 2018년 1월 1일부터 2018년 8월 2일까지의 관련 글이 4,420건이며 논문 등재에 시간이 지체되는 것을 고려하면, 2018년에도 상당한 학술적이고 실무적 분석과 방향성 제시가 나올 것으로 기대한다.

그런데 안타깝게도 우리나라에서 디지털 트랜스포메이션에 대한 관심도는 높지 않다. 우리나라의 대표적 학술논문을 검색하는 사이트인 DBPia에서 검색한 결과, 관련 논문은 20건에 불과했다. 구글 트렌드에 대응하는 네

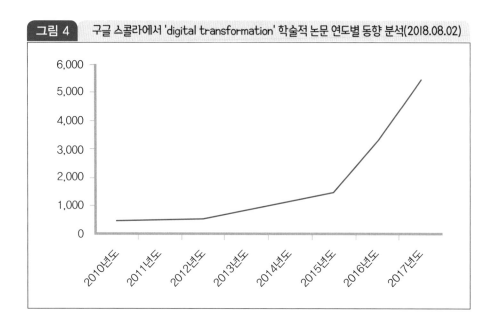

| 그림 4 | 구글 스콜라에서 'digital transformation' 학술적 논문 연도별 동향 분석(2018.08.02) |

이버 데이터랩에서 그 관심 동향을 4차산업혁명과 비교하여 검색한 결과 식별이 불가능할 정도이다.

　디지털 전략 최고 책임자(CDO, Chief Digital Officer)에 대한 관심이 서구에서는 2010년대 초부터 있어 왔으나, 우리나라는 2015년경부터 관심이 생겼다. 최근 디지털 전략 최고 책임자가 늘어나고 있는 것은 그나마 다행으로 보인다. 다만 미국 등의 경우 디지털 전략 최고 책임자의 증가세가 2015년 이후 정체되었다. 이는 디지털 전략의 중요성이 낮아져서가 아니라, 특정한 임원에게 디지털 전략을 일임하기에는 디지털 전략의 중요성이 너무 증가했기 때문이다. 즉, 모든 임원이 디지털 전략을 수립하고 추진해야 하기 때문에 디지털 전략 최고 책임자의 증가세가 멈춘 것이다. 디지털 역량이 부족한 것이 우리나라 실정이다 보니, 미국 등과 같은 수준으로 볼 수 없다. 상대적으로 늦었으나, 디지털 전략 최고 책임자가 늘어나는 것은 그나마 다행이라고 여겨야 하는 것이 우리나라의 실정[8]이다. 정보기술 최고책임자가 확

8　윤기영 (2018). "기업 디지털 전략, 누가 만들어야 하나." 전자신문. accessed 2018.10.16.

산되었듯이, 당분간 이 새로운 유형의 디지털 전략 최고 책임자도 확산될 것이다. 그러나 그에 적합한 인재를 찾기 어려운 것이 현실이다. 비즈니스에 대한 이해, 디지털 기술에 대한 광범위한 이해, 비즈니스 모델 수립과 혁신, 미래전략과 조율(Ocherstration) 등의 역량이 필요한데, 이를 골고루 갖춘 인재를 한국사회가 제대로 키우지 않았기 때문이다.

최근 디지털 전략과 디지털 트랜스포메이션에 대한 관심이 높아지고 있으나 한국사회의 디지털 역량은 매우 낮은 편이다. 독일의 노동 4.0 백서[9]에서도 인더스트리 4.0을 추진하기 위해 디지털 역량이 중요함을 강조했다. 동 보고서에서 OECD 국가의 디지털 인프라 역량과 국민의 디지털 역량을 비교 평가했는데, 한국의 인터넷 및 무선통신 등의 디지털 인프라 역량은 최고수준이나, 디지털 기술을 활용하는 국민의 디지털 역량은 OECD 국가 중 최하위 수준으로 평가되었다.

저자가 다수의 기업과 조직에 IT 컨설팅을 수행한 경험으로 비추어보면, 기업을 포함한 조직 임직원의 디지털 역량은 매우 낮으며, 임원의 전략 역량도 높지 않다. 임직원의 디지털 기술에 대한 이해도가 낮으니, 디지털 전략을 수립해도 기술 타당성이 없거나, 현실적 상황과 유리된다. 기술과 비즈니스가 물과 기름 같이 융합되지 못한다. 거의 모든 조직의 디지털 전략은 인공지능과 블록체인, 빅데이터 및 플랫폼 비즈니스 모델의 구축이다. 천편일률적 디지털 전략은 조직 내의 디지털 역량이 무척 낮다는 증거에 불과하다.

데이터 표준화가 되어 있지 않은 상황에서 빅데이터를 구축한다는 것은 모래 위에 성을 쌓는 격이 될 수 있다. 데이터 정제에 비용이 많이 들기 때문이다. 그리고 카드사, 통신사 등의 일부 기업을 제외하면 빅데이터를 가지고 있는 기업은 거의 없다. 빅데이터가 없다면 빅데이터를 구매해야 한다. 그 빅데이터로 인공지능을 학습시켜야 하는데, 현재 기계학습 인공지능을

---

http://www.etnews.com/20181002000092

9 Bundesministerium Fur Arbeit Und Soziales (2015). Arbeitien 4.0 Grün Buch.

가르치는 일은 길고 지루한 작업이며 비용이 적지 않게 든다. 블록체인의 가능성은 다양하고 그 응용범위도 광범위하나, 아직 비용효율성 및 속도가 좋지 않다. 따라서 이 책을 쓰고 있는 현재, 현실적 쓰임새를 해당 조직이 만들어 내야 한다. 각 조직의 맥락적 상황을 고려한 맞춤형 개별 전략을 수립해야 한다.

국내 기업과 임원의 디지털역량에 대한 낮은 평가의 핵심 원인이 저자의 경험 부족 때문이길 바란다. 그러나 조직의 리더는 컴퓨터 코딩을 배워야 한다는 주장[10]은 매우 광범위한 동의를 얻고 있다. 그렇다면 우리나라의 경우, 경영진과 직원 중에 컴퓨터 코딩을 제대로 이해하는 사람은 얼마나 될까? IT에 대한 이해 없이 디지털 트랜스포메이션을 한다는 것은 바다에서 낙타를 구하고, 산 위에서 고래를 찾는 것과 다르지 않다.

그런데 20세기 말의 IT 전략과 21세기의 디지털 트랜스포메이션에는 무슨 차이가 있을까?

라 기존의 IT 전략과 디지털 트랜스포메이션의 차이

20세기 말과 21세기 초에 광범위한 IT 투자가 이루어졌다. 그러나 IT 투자와 생산성 간의 유의미한 상관관계가 없다고 여겨졌다. 이를 IT 역설이라고 했다. 앞에서도 언급했지만, 이후의 연구에 따르면 IT 기술의 생산성 증가는 증기기관 발명으로 인한 생산성 증가를 초과했다.

그런데 IT 전략과 디지털 전략 간의 차이는 무엇일까? IT 전략은 비즈니스 전략을 실현하고 지원하기 위한 IT 자원의 도입, 배치, 운영 및 유지 전략으로 간략하게 정의할 수 있다. 이때 IT 전략은 비즈니스 전략의 보조 전략 혹은 지원 전략에 머물러 있게 된다.

---

10 Scott D. Anthony (2015). Leading a Digital Transformation? Learn to Code. Harvard Business Review

이에 반해 디지털 전략은 비즈니스와 IT가 융합된 전략을 의미한다. 예를 들어 스포츠웨어 업체인 아디다스의 스피드 팩토리(SpeedFactory)는 비용 절감을 위해 극단적으로 공장을 로봇화하는 것에 그치는 것이 아니다. 스피드 팩토리는 로봇과 3D 프린팅 기술 등을 이용하여, 소수의 직원이 한 해 수십만 컬레의 신발을 자동 제조하도록 했다. 소비자가 디자인을 직접 선택하는 것이 가능하며, 발의 모양에 따라 신발 밑창을 3D 프린팅할 수 있도록 함으로써 매스 커스터마이제이션(mass customization)을 가능하게 했다. 이를 통해 공장이 소비자가 거주하는 장소 근처로 이전할 수 있게 되었다. 기업의 이윤이 늘어나고, 소비자가 느끼는 가치는 늘어났다.

IT 기술과 비즈니스가 적극적으로 융합하는 것을 디지털 전략이라고 한다. 수사적으로 표현한다면 IT 전략과 비즈니스 전략이 화학적으로 융합하는 것이 디지털 전략이다.

독일의 인더스트리 4.0은 디지털 전략의 제조업 버전으로 보아도 무방하다. 물론 이러한 단순한 정의는 일종의 과장이 포함되어 있다. 독일의 인더스트리 4.0은 스마트 서비스와 디지털 사회로의 전환까지 포함되어 있기 때문이다. 어떻든 스마트 공장, 스마트 프로세스, 스마트 제품, 스마트 서비스가 인더스트리 4.0의 핵심내용이다. 스마트화를 위해서는 IT 기술이 적재적소에 그리고 제대로 응용되고 융합되어야 한다. 이는 비즈니스 전략과 IT 전략이 융합되고 용융되어야 함을 의미한다.

IT 전략과 디지털 전략을 구분하고 디지털 트랜스포메이션을 명료하게 이해하기 위해서는 관련 용어를 이해하는 것이 필요하다. 다만 디지털 트랜스포메이션에 대한 용어 정의는 매우 풍부하다는 점을 주목해야 한다. 그만큼 용어 선점을 통한 미래 헤게모니 선점 경쟁이 있다는 의미다. 이에 대해서는 뒤에서 맥락적 의미 규정과 이를 통한 디지털 트랜스포메이션 전략에 대해 상세하게 다루도록 하겠다. 우선 여기서 진행하는 용어 정의는 용어 자체보다는 정의에 집중한 것임을 이해해 주기 바란다. '용어 자체보다 정의

그림 5   Digitization, Digitalization, Digital Transformation 용어 정의와 사례

Digitization (Conversion)	→	Digitalization (Process)	→	Digital Transformation = the 4th Industrial Revolution
• 아날로그 정보의 디지털 정보로의 전환 • 클라우스 슈밥의 정의에 따르면 제3차 산업혁명 • 1969~		• IoT, IIoT, Big Data, Blockchain 등의 기술로 실현 • Industrie 4.0 포함 • Digital 기술이 모든 분야와 산업의 프로세스에 반영되고 삼투		• Digitalization의 총체적이고 전반적인 사회적 결과로 정의 • Digital Transformation은 비즈니스 모델, 사회구조, 문화의 형태, 정치법률 등에 근본적 변화를 야기

에 집중'했다는 표현이 불분명한데, 이어지는 글을 보면 이해할 수 있을 것으로 기대한다.

디지털은 정보가 이진수에 의해 표현된다는 의미의 형용사다. 이 디지털에 대한 표현은 20세기 말인 1990년대 전후에 회자되었다. 근 30년 후인 지금 디지털은 다시 화두가 되고 있다. 디지털 트랜스포메이션, 최고 디지털 책임자 등이 그것인데, 30년 전의 디지털과 현재의 디지털에는 어떤 의미의 차이가 있을까?

Digitization(디지털화), Digitalization(디지털통합)은 명확한 구분 없이 사용되는 것으로 보인다. 독일의 인더스트리 4.0 관련 문서와 노동 4.0 백서는 이에 대해 명확한 의미 구분 없이 사용하고 있다. 학자나 실무가에 따라 그 입장이 달라지는 것으로 보인다. 그러나 1990년대 전후에 사용된 디지털과 현재의 디지털은 그 의미와 내용이 다르다. 2010년대 초 제2의 IT의 쓰나미를 전망할 때, 첫 번째의 IT와 두 번째 IT 쓰나미의 핵심이 다른 것[11]과 같다.

---

11 윤기영 (2016). "4차 산업혁명에 대한 비판적 검토와 논의의 전환 필요성". 미래연구 1권 2호.

영문 위키피디아는 Digitization, Digitalization, Digital Transformation의 의미를 명확히 구분하고 있다. 위키피디아는 스톡홀름 경영 대학의 샤얀 칸 (Shahyan Khan)의 논문[12]에서 그 용어의 의미를 구분하고 있다.

이에 따르면 Digitization은 아날로그 데이터의 디지털화를 의미한다. 1970년대 컴퓨터가 처음 도입되었을 때, 회계 데이터 등이 이진수 데이터로 비트와 바이트로 전환되어 저장되고 유통되며 처리되는 것을 의미한다. Digitization을 디지털화로 번역할 수 있다. 1990년대 전후의 디지털에 대한 유행과 지향은 이 디지털화를 의미한다. 문서, 음악, 영화, 사진 등이 디지털화되는 것은 새로운 혁신을 가져왔다. 그리고 이 디지털화로 인해 인터넷이 가능해지기 시작했다. 디지털화를 통해서 문자, 사진, 음성 및 동영상의 전송과 처리가 가능해졌다. 아울러 디지털화된 데이터의 처리를 통해 정보를 추출하는 것이 가능해졌다.

Digitalization은 사물통신, 빅데이터, 인공지능 등이 프로세스에 통합되는 것을 의미한다. 디지털화를 기반으로 보다 유연하고 인지노동의 자동화가 가능해졌다. 제2의 IT 쓰나미가 이 Digitalization을 의미한다. 이를 디지털 통합으로 해석할 수 있다. 독일의 인더스트리 4.0은 디지털 통합의 대표적 사례다.

디지털 트랜스포메이션은 앞에서도 언급했듯이 디지털 통합의 결과이다. 작게는 기업 등 조직의 문화, 구조, 공정, 상품 및 서비스의 질적 변화가 야기되어 위상변이가 일어난 것을 의미한다. 그 범위를 넓히면 사회와 국가의 문화, 가치, 구조, 제도까지 확장할 수 있다.

이들 용어의 쓰임새는 다시 강조하지만 명확하지 않다. 세계경제포럼 등의 보고서에서도 이들 용어를 명확하게 구분하여 쓰고 있는 것으로 보이

---

12 Shahyan Khan (2017). Leadership in the Digital Age - a study on the effects of digitalization on top management leadership. Stockholm Business School, Maste Thesis.

지 않는다. 다만 위키피디아 용어 정의에 의하면 20세기 말의 IT와 21세기의 디지털화간의 의미차이를 이해할 수 있다. 다만 Digitalization과 디지털 트랜스포메이션 간에 약간의 혼란이 있을 수 있다. 일부 컨설팅 기업이나 학자의 디지털 트랜스포메이션에 대한 용어 정의와 주장이 칸의 Digitalization과 다르지 않기 때문이다.

이는 디지털 트랜스포메이션으로 가는 긴 여정의 입구에서 정의하느냐 혹은 출구에서 정의하느냐에 따른 것이다. 서쪽에서 보는 설악산의 경치와 동해에서 보는 설악산 경치가 다르지 않은가? 통시적이며 전체적 조망이 필요하다. 이에 대해서는 II장에서 상세하게 다루겠다. 용어 정의의 문제가 아니라, 단·중·장기의 전략 세트와 이들 전략간 일관성과 연계성이 중요하기 때문에, 상당히 깊이 있는 논의가 필요하다.

그리고 Digitalization과 디지털 트랜스포메이션을 디지털 범용기술의 지수적 증가에 따른 대응, 적응, 혁신 및 형성적 측면에서 보아야 한다. 예를 들어 3D 프린팅 기술은 기존 제조 공정의 단순화와 비용절감에 국한되지 않는다. 최종 산출물의 의미와 가치의 변화를 가져오기 때문이다. 3D 프린팅 산출물은 기존 제품과 형태, 구조, 기능에서 기존 제조방식의 제조물과는 근본적 차이를 보이기 때문이다. 블록체인 기술은 단순한 비용절감을 위한 데이터베이스를 의미하지 않는다. 아직 쓰임새가 충분히 개발되어 있지 않으나, 그 비용이 줄어들고 속도가 개선되는 등의 품질이 향상되면, 국가와 기업 간의 관계, 세계화의 의미와 방향에 질적 변화를 가져오기 때문이다.

마. 이 또한 지나가리라?

디지털 트랜스포메이션도 얼마 있지 않아서 지나가 버리는 일종의 FAD(For A Day)나 혹은 일시적 유행에 불과할까? 한때 빅데이터가 화두가 되었지만 관심이 거의 자라진 때가 있었다. 이후 기계학습 인공지능의 발

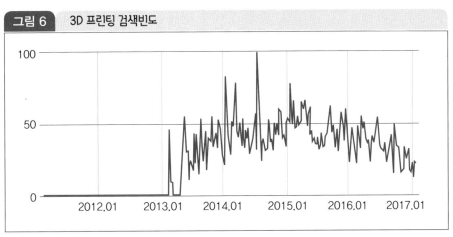

그림 6　3D 프린팅 검색빈도

네이버트렌드: 3D 프린팅(포함 검색어: 3D Printer, 3D Printing, 쓰리디 프린팅, 쓰리디 프린터, 3D 프린터) (2017.01.17일 현재)

달에 따라 빅데이터에 대한 관심이 다시 부각되었던 것임을 기억할 수 있을 것이다. IT 분야와 디지털 분야에 이러한 비즈니스적 잡음은 매우 흔하다. 한국 내에서는 비즈니스 인텔리전스, 고객관계관리, 데이터 웨어하우스 등은 큰 밀물로 다가왔다가, 또한 얼마 지나지 않아 썰물로 사라졌다. 비즈니스 인텔리전스나 고객관계관리의 중요성이 탈색된 것은 아니지만, 지나친 마케팅과 비즈니스적 잡음으로 인해 오히려 그 본질이 훼손된 경우에 속한다.

3D 프린팅도 한때 상당한 유행이었다가, 관심도가 상당히 줄어든 것이 현실이다. 2017년 네이버 데이터랩에서 3D 프린팅 등을 키워드로 하는 검색 현황을 분석한 결과, 2015년경 정점을 찍었다가, 우하향 추세를 보이고 있다. 같은 시기에 구글의 트렌드를 보면 지속적으로 우상향하는 것을 알 수 있다. 아쉽게도 현시점에서 동일한 결과를 검색할 수 없다. 과거 정보를 조회할 수 없기 때문이다.

비즈니스 인텔리전스 및 3D 프린팅 등의 사례를 보면, 우리나라에 일종의 쏠림현상이 있음을 알 수 있다. 블록체인 기술에 대한 과도한 관심이 2년 후까지 지속될지 알 수 없다. 알파고 이후 인공지능에 대한 낙관적 전망이 솜사탕 늘어나듯이 커졌으나, 실제 비즈니스에 적용하는 데는 많은 한계에 봉착하고 있다. 이로 인해 인공지능에 대한 관심이 어느새 사라질 수도 있다고 우려하는 것은 현실적이다.

2011년 제러미 리프킨의 '3차산업혁명'에 대해 논의하다가, 같은 해 스마트 팩토리를 고민하고, 2016년 알파고와 클라우스 슈밥의 '4차산업혁명'이 화두가 되었다. 세상의 관심사는 흔들리고 유동하며 변동한다. 말 그대로 VUCA다. 디지털 트랜스포메이션도 이런 작은 FAD의 하나가 아닐까? 이 또한 지나갈 것으로 예견하는 것은 매우 합리적이다.

더구나 단기적 성과평가에 매몰되어 있는 한국적 경영환경에서는, 디지털 트랜스포메이션이 궁극적 방향이라 하더라도 여전히 문제는 남아있다. 장기적이고 최종적 방향으로 추진한다 하더라도, 관련 의사결정권자나 실무자가 다음 해 오늘 그 자리에 있을 보장은 없다. 님비(Not In My Backyard)가 이제 님토(Not In My Term of Office)로 전환되었다. 임직원이 해당 직책에 있는 동안만 문제가 일어나지 않으면 된다. 방안의 쓰레기를 양탄자 아래 숨겨놓는 것이 일종의 문화와 관행이 되었다. 임직원의 역량과 열정이 부족해서가 아니다. 조직의 성과평가 대상과 방식이 문제가 되는 것이며, 전통적 제조업에 기반 한 조직문화에 문제의 원인이 있다. 상징적인 표현이고 과장된 주장이나, '마누라 빼고 모두 바꿔야 하는 것이다'. 이 바꿔야 할 대상에는 기업 소유주의 의식도 포함된다.

디지털 트랜스포메이션이 큰 흐름이 맞다면, 이에 대한 전략을 수립하고 대응하고 주도하는 것은, 임직원의 생사가 아닌 조직의 생사에 더욱 중요한 일이 된다. 이 책 초반부에 디지털 범용기술의 기하급수적 증가 현황을 제시한 이유는, 디지털 트랜스포메이션이 근본적 지각변동의 원인임을 밝히기 위해서였다. 정부, 비영리기업 및 영리기업 등의 모든 조직은 일정한 조건과 전제를 바탕으로 특정한 목적에 이바지하기 위해 존재한다. 그런데 이들 조직이 두 발을 딛고 서 있는 지각에 근본적 변동이 있을 예정이라면, 새로운 안정된 땅으로 이주하는 것이 현명하다. 님토로는 이 변화를 극복할 수 없다.

그리고 주목해야 하는 것은 그 변화의 속도다. 변화 속도의 지수적 증가를 21세기의 VUCA라고 정의했다. 이제 기존의 적응전략(Adaptive Strategy)으로는 21세기의 VUCA에 적응하고 대응하는 것은 불가능하다. VUCA에 대응한 새로운 전략, 새로운 조직구조, 새로운 문화와 새로운 가치 추구가 필요해졌다. 조직이 생존하기 위해서이며, 그 구성원이 살아남기 위해서다.

이에 대해 명료하게 이해하기 위해서는 디지털 트랜스포메이션의 실체를 보다 명확하게 이해하는 것이 필요하다. 그러기 위해서는 우선 4차산업혁명과 디지털 트랜스포메이션이 어떤 관계를 가지는지 살펴보는 것이 필요하다. 이 두 용어의 등장시기가 비슷하기도 하고, 최근 가장 화두가 되었기 때문이다. 이미 앞에서 언급한 것이나, 디지털 트랜스포메이션에 대한 세계적 관심도는 4차산업혁명보다 높다. 어떻든 최근 화두가 된 이 두 용어와 개념을 비교해서 보는 것은 의미있고 필요하다.

② 디지털 트랜스포메이션과 4차산업혁명의 관계?

가. 디지털 트랜스포메이션 = 4차산업혁명?

4차산업혁명의 어원은 독일의 인더스트리 4.0에 연원을 둔다. 독일의 인더스트리 4.0은 독일의 산업전략으로 정보통신기술 분야에서 차별적 경쟁력을 발휘하지 못한 독일이 디지털 기술과 자국의 제조업을 결합함으로써 전체 가치사슬의 변혁을 지향한 것이다. 즉. 인더스트리 4.0은 디지털 트랜스포메이션의 제조업 버전으로 보아도 무방하다.

다만 4차산업혁명을 가능하게 하는 것에 대해, 세계경제포럼의 슈밥 회장은 디지털 혁명, 나노물질기술, 생명과학기술을 들었다는 것을 주목해야 한다. 나노물질기술은 디지털기술과 큰 관련성이 없고, 생명과학기술을 디지털기술과 간접적 관련성이 있다. 이들 기술은 범용기술에 해당한다. 따라서 4차산업혁명은 디지털 기술보다 그 범위가 넓다.

다만 우리나라 정부는 4차산업혁명을 "인공지능, 빅데이터 등 디지털 기술로 촉발되는 초연결 기반의 지능화 혁명-산업뿐만 아니라 국가시스템, 사회, 삶 전반의 혁신적 변화" 또는 "AI와 ICBM(사물인터넷, 클라우드, 빅데이터, 모바일/5G통신)을 결합한 지능정보기술이 만드는 지능정보사회의 도래"[13] 정도로 그 의미와 전망을 국한하고 있다. 디지털 범용기술이 미래변화의 핵심이나, 그 변화의 동인은 나노물질기술, 생명과학기술, 문화컨텐츠 기술, 우주과학기술 및 에너지 기술 모두가 해당 된다. 예를 들어 핵융합발전의 상용화와 태양광발전 패널의 효율 증가는 IT 기술과 직접적인 관련이 없으나, 비즈니스 환경에 근본적 변화를 가져온다.

디지털 트랜스포메이션을 디지털 기술의 변화에 따른 정치·경제·사회의 근본적 변화로 정의하는 경우가 있다. 뒤에서 디지털 트랜스포메이션에 대한 다양한 정의를 살펴보겠으나, 저자는 이들 변화를 단면으로 보아서는 안 되며 통시적이며 역동적으로 보아야 한다고 본다. 디지털 트랜스포메이션이 디지털 범용기술의 기하급수적 발달로 인한 변화결과로 정의한다면, 정치·경제·사회의 질적 변화, 즉 위상변이를 야기할 수밖에 없다.

디지털 트랜스포메이션을 위와 같이 정의한다면, 4차산업혁명과 동일한 의미가 된다. 즉, 어느 쪽에서 바라보느냐에 따라 디지털 트랜스포메이션이

---

13 김덕현 (2018). "지금이라도 4차 산업혁명 대응정책 재정립해야"에서 "사람중심의 4차 산업혁명 대응계획, 2017. 11", "지능정보사회 중장기 종합대책, 2016. 12." 재인용. (http://www.startup4.co.kr/news/articleView.html?idxno=11034&fbclid=IwAR0mr 7KMptGIqx6fXa3DxQwfwFJ-RJw6eSmaQoFzoXxGYS9vIsBi7TOeUAg 2018.10.17 방문)

되기도 하도, 4차산업혁명이 되기도 한다. 누구는 이를 제2기계시대라 하고 또 누구는 에너지 혁명이라 부르기도 한다. 각자의 생각과 입장에 따라 다른 명칭과 정의를 내린다. 중요한 것은 그 맥을 잡는 것이다. 비유해서 말하자면, 한반도의 조각 지도를 전세계 지도로 착각해서 보면, 글로벌 시대에 제대로 된 목적지에 도착할 수 없다.

디지털 트랜스포메이션이 곧 4차산업혁명이며, 4차산업혁명이 곧 디지털 트랜스포메이션이다. 다만 미시적 차이와 주요 대상에 차이가 있는 것으로 비쳐진다. 4차산업혁명은 주로 제조업에 관심이 있는 것처럼 보이며, 디지털 트랜스포메이션은 주로 서비스 산업을 대상으로 하는 것처럼 보인다. 이에 따라 디지털 트랜스포메이션이 주로 영미권에서 많은 관심을 보인다. 이에 반해 4차산업혁명은 제조업 강국에서 주로 관심을 보이는 것으로 확인된다. 독일, 우리나라, 중국 및 일본 등이 4차산업혁명에 관심을 보이고 있는 양상이다.

4차산업혁명과 디지털 트랜스포메이션을 조금 더 들여다보면 극단적 차이를 보이는 용어 사이의 실상에 차이가 없는 것을 발견할 수 있다. 독일의 인더스트리 4.0은 스마트 공장, 스마트 프로세스, 스마트 상품 및 스마트 서비스를 포함한다. 시각을 조금 더 넓혀서 인더스트리 4.0의 주변환경을 살펴보면 디지털 사회와 노동 4.0을 찾을 수 있다. 인더스트리 4.0의 의미가 지속적으로 확대되고 있는 것을 알 수 있다.

슈밥의 4차산업혁명에 대한 전망은 독일의 인더스트리 4.0에 비해 거시적이다. 다시 강조하지만 슈밥은 특정한 미래를 예견한 것이 아니라, 근본적 동인이 도래했음을 전망한 것이다. 인공지능과 사물통신, 클라우드, 빅데이터 및 모바일 기기로 인한 경제와 산업의 단기적 전망이 아니다.

디지털 트랜스포메이션에 대한 다수 컨설팅 회사의 개념정의는 상대적으로 단기적이며, 서비스 산업 지향적이다. 한국사회에서 이런 현상이 더욱 두드러진다. 이는 컨설팅 회사도 영리기업으로서 자신들의 지식을 파는 데

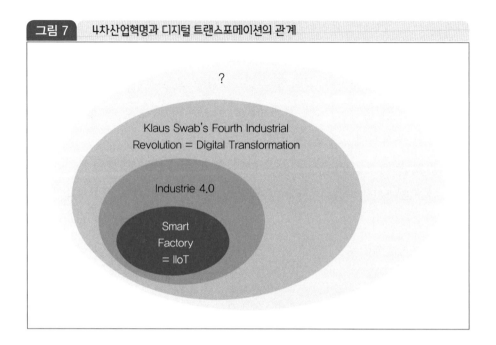

설득력이 있어야 한다는 것을 감안해야 한다. 너무 먼 미래를 전망하는 경우, 컨설팅을 받는 기업으로서는 굳이 컨설팅을 받을 필요를 인식하기 어렵고, 지갑을 열더라도 조금만 열 것이기 때문이다.

세계경제포럼은 디지털 트랜스포메이션 관련해서 다양한 보고서를 지속적으로 생산하고 있다. 산업별 디지털 트랜스포메이션 보고서를 보면, 자동차, 항공기, 오일, 화학 등의 제조업 등[14]에 대한 디지털 트랜스포메이션을 설명하고 있다. 디지털 트랜스포메이션이 서비스 산업에 국한되지 않는다는 의미다.

두 용어의 실질적 차이는 크게 두 가지가 있다. 첫째는, 어떤 용어가 미래 동인을 보다 전반적으로 식별하게 하고, 전개 방향에 대해 광범위하게 인식을 할 수 있게 하느냐 하는 것이다. 두 번째는 국가의 정책과 조직의 전략 및 중장기 미래전략을 수립하는 데 있어, 참고할 만한 방법론과 정보를

---

14 세계경제포럼. Accessed 2018.10.23. http://reports.weforum.org/digital-transformation/

어떤 용어가 보다 풍부하게 제공하느냐 하는 것이다.

우선 결과론부터 이야기하면 디지털 트랜스포메이션 쪽에서 더 많은 사례와 방법론을 제시한다. 다만 궁극적 변화라는 방향에 대해서는 4차산업혁명이 명료하다. 따라서 우리는 이 두 용어를 융합하고 종합해서 봐야 한다.

나 다양한 이음동의어, 미래에 대한 선점 경쟁

디지털 트랜스포메이션에 대한 다양한 이음동의어가 존재한다. 이들 용어의 의미와 지향에는 미세한 차이가 있다. 이러한 현상은 용어를 만든 사람들의 세계관과 인식 및 지식의 지평이 다양하다는 뜻이다. 또한 다른 세계관과 시각으로 전망하더라도 산업, 경제 등에 근본적 변화가 다가오고 있다는 데 대해서는 의견에 일치를 보이고 있다.

이들 풍부한 이음동의어는 독자로 하여금 혼란을 야기하기도 한다. 제레미 리프킨은 2011년 '제3차산업혁명'을 주장했다. 에너지 혁명과 인터넷 기술의 발달로 인한 미래 변화를 전망한 것이다. 리프킨의 제3차산업혁명에 대한 주장은 「한계비용 제로 사회」로 이어졌다. 리프킨의 제3차산업혁명은 슈밥의 제4차산업혁명보다 먼 미래 시점에 대한 전망이다. 그런데 이는 대부분의 독자에게 혼란을 야기한다. 2011년 제3차산업혁명에 대한 미래전망이 나왔는데, 5년 밖에 지나지 않은 2016년 제4차산업혁명이 거론되기 때문이다. 독자는 이러한 거시적이고 장기적인 미래예측을 일종의 일시적 유행인 패드(FAD, For A Day) 정도로 여기게 된다. 리프킨의 제3차산업혁명이 백일몽에 불과한 것으로 전락되면, 큰 흐름을 놓치게 된다.

이는 리프킨의 제3차산업혁명의 전망이 타당하다고 주장하는 것이 아니다. 그의 주장과 슈밥의 주장 모두 전체 그림을 구성하는 작은 조각에 불과하다. 다양한 이음동의어의 존재는, 전체 그림에 대한 조각이 이음동의어의 숫자만큼 존재한다는 것을 의미한다. 이들 조각 그림을 통해 전체 그림

표 3	제4차산업혁명의 시기, 핵심기술 현황		
구분		독일 인더스트리 4.0/ 클라우스 슈밥의 4차산업혁명	제러미 리프킨의 3차산업혁명
1784	명칭	제1차산업혁명	제1차산업혁명
1784	핵심기술	증기기관	증기기관
1870	명칭	제2차산업혁명	제2차산업혁명
1870	핵심기술	전기	전기
1969	명칭	제3차산업혁명	N/A
1969	핵심기술	컴퓨터/PLC	N/A
21세기 초	명칭	제4차산업혁명	제3차산업혁명
21세기 초	핵심기술	디지털혁명/BioTech/NanoTech	인터넷/신재생에너지

을 보기 위해서, 할 수 있고 해야 하는 일은 크게 두 가지이다. 첫째, 가능한 모든 조각 그림을 모아서 전체 그림을 완성하는 것이다. 그런데 모든 조각 그림을 모으는 것도 불가능하며, 모든 조각 그림을 모은다고 하더라도 전체 그림을 완성할 수 없다. 미래는 완성된 그림이 아니기 때문이다. 여기서 두 번째 해야 하는 일이 나온다. 부분적 조각 그림의 위에 새로운 그림을 그리는 것이다. 이것을 미래전략 혹은 미래정책이라고 할 수 있다. 정부의 입장에서는 이를 미래정책이라고 할 수 있으며, 기업 등의 입장에서는 이를 미래전략이라고 할 수 있다.

리프킨과 슈밥의 3차산업혁명과 4차산업혁명을 비교하는 것은 충분히 의미가 있다. 독일의 인더스트리 4.0과 클라우스 슈밥의 4차산업혁명의 각 차수별 시기와 핵심기술은 〈표 3〉과 같다. 제러미 리프킨의 3차산업혁명[15] 도 같은 틀로 비교[16]했다.

---

15 제러미 리프킨 저, 안진환 역 (2012). 「제3차산업혁명」. 민음사.
16 윤기영 · 이상지 · 배일한 등 (2017). 「KAIST 미래관리방법론 프레임워크 V1.1」. KAIST 미래전략연구센터.

한편으로 리프킨과 슈밥의 3차산업혁명과 4차산업혁명에 대한 용어 정의의 혼란은 미래 헤게모니 선점을 위한 경쟁이 광범위함을 알 수 있게 한다. 그리고 좀 더 길게 보면 디지털 트랜스포메이션과 4차산업혁명을 둘러싼 용어 전쟁도 꽤 오래되었다는 것을 알 수 있다. 디지털 트랜스포메이션과 관련된 이음동의어 혹은 관련된 용어를 보면 아래와 같다. 이음동의어를 살펴보는 이유는 우선 전체 그림을 구성하는 작은 조각 그림을 모아보기 위한 작업이다.

- **지식사회:** 지식사회란 특허, 콘텐츠 등의 지식산업이 전체 경제 흐름의 근간을 이루는 사회를 의미한다. 1973년 대니얼 벨이 그의 책 「후기 산업사회의 도래」에서 주장한 것이고, 1993년 피터 드러커의 「후기 자본주의 사회」에서 밝힌 것이다. 지식사회의 성숙은 인터넷과 디지털 기술의 발달에 기인한다. 이 기술을 통해서 지식의 유통 속도는 지수적으로 증가했다. 더구나 디지털 기술은 지식의 근간이 되는 데이터와 정보의 측정, 저장 및 도출을 자동화했으며, 최근의 빅데이터와 기계학습을 포함한 인공지능 기술은 일부 지식의 생산을 자동화한 것에 주목해야 한다. 지식사회는 지식산업 즉, 연구와 개발, 교육, 콘텐츠 제작, 컨설팅 등의 지식집약적 산업군을 기존의 1차에서 3차산업에서 분리하여, 4차산업(quaternary activities)으로 분류한다. 농업사회가 1차산업 위주고, 산업사회가 2차산업 위주다. 인터넷의 등장은 산업사회에서 서비스 사회로 전환하는 계기를 마련하고, 디지털 트랜스포메이션을 촉발한 디지털 범용기술은 지식사회로의 전환을 촉진한다. 그런데 대니얼 벨과 피터 드러커 등이 전망했던 지식사회와는 그 방향이 다르다는 것이 저자의 견해[17]다. 어떻든 새로운 형태로의 지시사회로의 전환이 디지털 트랜스포메이션이며 4차산업혁명의 결과다.

- **후기 자본주의:** 후기 자본주의에 대한 사상과 논의는 제2차 세계대전 이후

---

17 윤기영 (2018). "지식사회의 약속은 여전히 유효한가: 지식사회 2.0에 대한 전망". 미래연구 3권1호

끊임없이 제시되었다. 그런데 21세기 들어서서 이에 대한 논의가 보다 본격화되었다. 기존의 생태주의적 접근에 더해, 디지털 기술의 발전이 후기 자본주의에 대화와 논의를 이끌어 낸 핵심 원인이 되었다. 기후변화와 환경오염 및 자원의 한계를 이유로 한 후기 자본주의에 대한 논의는 제2차 세계대전 이후 지속적으로 등장했다. 21세기 들어서서 국제금융위기를 이유로 아나톨리 칼레츠키가 '자본주의 4.0'에 대해 주장하기도 했다. 알리바바의 데이터 자본주의 혹은 신계획경제에 대한 주장은 디지털 기술의 발전에 근거한다. 특이점 대학의 디아만디스 등의 〈풍요로운 미래(Abundance)〉[18], '자동화된 화려한 자본주의(Fully Automated Luxury Capitalism)'[19], '탈 희소성 무정부 사회(Post Scarcity Anarchism)' 등의 논의는 21세기 기술발전으로 인한 희망을 제시한다. 이에 반해 폴 메이슨의 〈포스트 자본주의 새로운 시작〉, 제레미 리프킨의 '협력적 공유사회', 헨리 민쯔버그의 '공유사회' 등의 논의는 기술발전으로만 이 시대의 문제를 해결할 수 없다고 진단하기도 한다. 혹은 '디지털 레닌이즘'은 기술발전으로 인한 경찰국가의 출현에 우려 섞인 시각을 보여주기도 한다. 경제 시스템은 일종의 정보 흐름과 의사결정을 위한 시스템이며, 자본주의도 그 예외가 아니다. 디지털 범용기술은 정보의 흐름과 의사결정의 변화를 야기할 것으로, 디지털 트랜스포메이션은 경제 시스템도 그 변혁의 대상으로 한다. 후기 자본주의의 시대에도 기업은 존재할 것으로 이를 준비하고 대응하고 적응하는 것이 미래 기업의 화두가 될 것이다.

- **제2기계시대:** 18세기 말의 산업혁명을 제1기계시대로 정의하고 현재의 기계학습으로 인한 인공지능시대를 제2기계시대로 명명한 것이다. 이는 MIT의 앤드류 매카피와 에릭 브린욜프슨의 책인 「제2기계시대」에서 가져왔다. 제2기계시대에 대해서는 클라우스 슈밥도 그의 책 「제4차산업혁명」에서 명확하게 언급하고 있다. 옥스포드의 프레이와 오스본의 2013년 논문인 「고용의 미래」는 미국 직업을 기준으로 47%가 지능형 로봇과 기계학습에 의해 대체가 가능하다고 하고 있고, 일부 연구는 유럽의 경우 그 대체율이 54%로 더욱 높다고

---

18 피터 디아만디스와 스티븐 코틀러가 쓴 책으로, 이 책에서 기술 발전에 의해 미래가 풍요롭다고 저자들은 전망했다. 아직 한국어로 번역 출간되지 않았다.
19 손현주. 2017.12.20. "한국에서 대안미래 논의가 부진한 3가지 이유". 한겨레

진단하고 있다. 이러한 노동의 자동화는 새로운 사회윤리와 경제시스템의 변혁을 요구한다. 다만 인공지능에 의한 노동대체율에 대해서는 다양한 비판이 있다.

- **특이점:** 기술 중심의 미래연구자인 레이 커즈와일은 그의 책 「특이점이 다가온다」에서 무어의 법칙이 지속될 경우 2045년 초지능이 도래할 것으로 예견했다. 특이점이란 물리학의 블랙홀을 설명할 때 사용된 단어로, 이 특이점을 지나면 광자는 블랙홀의 중력에서 벗어나지 못한다. 즉, 돌이킬 수 없는 지점을 의미한다. 비유적으로 사용된 특이점이란 인류가 이전으로 복귀하지 못할 것임을 상징적으로 표현한다. 커즈와일은 인공지능의 발달에 따라 초지능이 출현하게 되면 생명과학기술이 급속도로 발전할 것으로 보았고, 이로 인해 이른바 포스트휴먼이 출현할 것으로 전망된다.

- **후기정보사회:** 21세기 들어서면서 20세기 후반의 정보화 사회에 대비하기 위해 후기정보사회라는 표현이 등장했다. 후기정보사회와 지식사회는 동일한 것으로 취급되기도 하며, 디지털 기술의 발달에 따라 새로운 사회가 도래할 것이라는 전망이다.

현재의 디지털 트랜스포메이션과 4차산업혁명에 대한 전망은 꽤 오래전부터 있었다. 이 절의 글은 정치학자이며 정책학자인 예헤즈켈 드로(Jehezkel Dror)[20]가 1996년에 쓴 웅변적 글로 마무리 하겠다.

21세기는 누구에게 그렇게 즐겁지 않을 듯하다.
그러나 나는 22세기 혹은 그 이후의 시대가 더욱 공정해질 것이라는 일말의 희망을 간직하고 있다. 100년 내외에, 전 세계 인구 규모는 일정한 수로 안정화될 것이다. 손상되었던 환경은 치유될 것이며, 새롭고 더욱 공평한 경제 시스템이 만들어질

---

20 Yehezkel Dror (1996). Improving Critical Choices. Futures, Volume 28, Issues 6–7, pp. 559-562.

것이다. 지구적인 직접 민주주의는 달성될 것이다. 유전공학, 인공지능 및 나노 기술은 우리 지구에 있는 생명체를 변형시킬 것이며, 달과 화성 및 우리 태양계의 행성계에(그리고 우리 태양계를 넘어서) 생명체가 살 수 있도록 만들 것이다. 그리고 리처드 브로티건[21]이 매우 이른 시기에 이해했듯이, 우리 인류와 달 등에 이식된 생태계는 '우아한 기계에 의해 보호 받을' 것이다. 나는 21세기를 회피하고, 좀 더 먼 미래로 건너뛰어 바로 가고자 한다. 나와 동행하겠는가?

다 4차산업혁명이 아닌 디지털 트랜스포메이션인 이유

용어의 혼란은 개념의 혼동을 가져온다. 개념의 혼동은 인식과 실행 간의 시간 지체를 일으킨다. 2011년도에 스마트 팩토리에 대해서 한국에서 다양한 논의가 되었는데, 문제는 그 핵심을 잡지 못했다는 점이다. 정작 2016년 슈밥의 제4차산업혁명이 화두가 되면서 스마트 팩토리가 다시 논의의 중심이 되었다. 공장자동화와 공급사슬망(Supply Chain Management) 관리가 상당히 진행된 한국 제조업에서 스마트 팩토리는 일종의 인식장애를 일으킨다. 독일 제조업은 디지털통합은 물론이고 디지털화까지 한국에 비해 뒤쳐졌기 때문이다.

근본적 미래동인과 미래방향에 대한 성찰적 고민이 없이, 현재의 변화와 추세에 따라 맴돌이한 결과 달팽이관의 이석만 흔들려서 어지럼증에 걸린 꼴이다. '개에게 돌을 던지면 돌에게 달려들고, 사자에게 돌을 던지면 돌을 던진 사람을 쫓는다.', '칼끝이 아니라 칼을 움직이는 팔을 봐야 한다'. 특정 용어에 집착할 것이 아니라 전체 미래동인과 변화를 봐야하는 것은 당연하다. 우리가 4차산업혁명 혹은 디지털 트랜스포메이션의 용어와 그 이면의 기술적 변화 등을 볼 때도 마찬가지다.

저자는 이 두 용어가 이음동의어이며 실상은 같은 것이라고 강조했다.

---

21 리처드 브로티건은 미국의 생태주의 소설가이자 시인이다.

그런데 디지털 트랜스포메이션에 보다 천착하는 것은 실용적 이유가 있기 때문이다. 실용적 이유는 크게 네 가지가 있다. 핵심 원인을 보다 명료하게 이해하게 해주고, 다양한 기관에서 제시한 구체적 방법론이 있으며, 다양한 사례가 존재하고, 미래전략을 수립할 수 있는 구체적 근거가 존재하기 때문이다.

첫째, 디지털 트랜스포메이션이란 용어를 통해 핵심원인을 진단하고 단기든 중장기 미래든 그 전망의 명료성을 상대적으로 높일 수 있다. 저자는 디지털 트랜스포메이션의 핵심동인은 디지털 범용기술이라고 주장한다. 뒤에서 디지털 트랜스포메이션을 위한 촉매기술에 대해서 여러 조직에서 발표한 자료를 살펴볼 텐데, 이들 기술은 범용기술의 특징을 지닌다. 즉, 단일하며 인식 가능한 일반 기술이며, 초기에는 상당한 수준의 개선이 필요하나, 곧 경제 전반에 걸쳐 널리 활용될 가능성이 있고, 다양한 용도를 보유하고, 광범위한 파급효과 발생이 기대된다.

4차산업혁명의 어원이 된 독일의 인더스트리 4.0은 각 차수별 핵심기술에 대해서 소개했다. 증기기관, 전기, 컴퓨터 등이 그것인데, 이들은 모두 범용기술에 해당한다. 인류의 역사적 전환에 범용기술이 촉매제로 작용했음을 부인하기 어렵다. 그런데 인더스트리 4.0의 핵심기술을 CPS, 즉 사이버피지컬 시스템으로 했는데, 이는 굳이 따지자면 산업용 사물통신에 해당한다. 사물통신 기술이 범용기술에 해당하므로 수긍은 가나, 디지털 범용기술의 전체 구성을 보면 조금 부족한 면이 없지 않다. 슈밥이 디지털 혁명과 나노물질기술과 생명과학기술을 언급했지만, 전체 범용기술을 망라하지 않아, 일종의 예시로 볼 수밖에 없는 한계가 있다.

디지털 범용 기술에 나노물질기술이 속하지 않으며, 전체 기술을 망라하지 않았다는 지적이 있을 수 있다. 생명과학기술과 우주기술 및 콘텐츠와 에너지 기술 등도 범용기술에 해당하거나, 산업 및 사회 등에 막대한 영향력을 미친다. 그러나 이들 기술이 디지털 범용 기술과 관련이 없는 것은 아니나, 디지털 범용기술에 속한다고 하기에는 무리가 있다. 그러나 디지털 범용기술이 지식사회로의 전환과 경제 시스템에 큰 영향력이 있다는 점을 강조하고, 디지털 범용기술이 전체 범용기술을 대표하는 것으로 이해할 수도 있다. 대부분의 기술이 융합적 관점에서 보면 디지털 범용기술과 관련되어 있기 때문이다. 따라서 디지털 범용기술로 4차산업혁명, 제2기계시대 등을 이해하고, 후기 정보사회와 지식사회를 이해하면 보다 명료한 이해가 가능하다. 다만 디지털 범용기술의 미래 전개에 대한 이해는 전제되어야 한다.

둘째, 디지털 트랜스포메이션에 대한 다양한 방법론이 존재한다. 학자에서 컨설팅 조직까지 디지털 트랜스포메이션을 위한 최적의 최선의 방법론을 자랑한다. 이들은 자신들의 방법론이 입증되었고 유효하다는 주장을 과감하고 용감하게 펼친다. 벨기에에 소재한 교육 및 컨설팅 전문 회사인 i-scoop는 디지털 트랜스포메이션[22]에 대한 전반적 체계를 제공하고 있다. 이들은 다양한 조직의 디지털 트랜스포메이션에 대한 이해와 전략을 소개하고 있다. 매킨지, PwC, Capgemini, Accenture 등이 고유의 방법론을 제시하는 상황이다. 우리나라에선 투이컨설팅 등이 디지털 트랜스포메이션에 대해 적극적인 주장을 하고 있다.

이는 컨설팅 펌에 국한된 것만은 아니다. III장에서도 상세하게 소개하겠으나, 콜롬비아 대학의 경영대 교수인 데이비드 로저스(David Rogers) 교수는 2016년 디지털 트랜스포메이션을 위한 지침서를 책으로 출간했다.[23] CIO인 아이작 사콜릭(Isaac Sacolick), MIT의 조지 웨스터만(George Westerman) 등은 경쟁적으로 디지털 트랜스포메이션의 함의와 방법론을 제시하고 있다. 우리나라에서는 대부분 번역서로 디지털 트랜스포메이션에 대한 소개가 있

---

22 i-scoop. accessed 2018.10.16. https://www.i-scoop.eu/digital-transformation/
23 데이비드 로저스의 책의 한국어 번역본의 제목은 「디지털 트랜스포메이션 생존전략」이다.

고, 현재(2018년 말)까지 저자가 조사한 결과 두 권의 책[24]이 출간되었다. 세계적 추세에 비해 우리나라의 반응은 미지근한 편이다.

그런데 디지털 트랜스포메이션 방법론에 대해서 적극적으로 방법론 및 사례를 소개하고 있는 컨설팅 펌의 하나인 알티미터(Altimeter)는 디지털 트랜스포메이션에 대한 정의가 계속 진화하고 있다고 주장[25]한다. 각 컨설팅 펌의 지식과 경험, 해당 컨설팅 펌의 지식 서비스를 구매하는 클라이언트의 인식 수준 등에 의해 그 정의는 진화하고, 방법론도 지속적으로 발전하고 있음을 지적한 것이다. 특정 방법론에 따라서 디지털 역량(literacy)과 성숙도를 진단하고, 전략과 비즈니스 모델을 설계하는 것 이외에 대안이 마땅치 않기는 하나, 통합적이고 통시적이며 전체적 시각으로 볼 필요가 있다. i-scoop의 디지털 트랜스포메이션 방법론이 전체론적(holistic) 시각으로 디지털 트랜스포메이션을 바라볼 것을 주문한 것은 당연하다. 매킨지, Capgemin 등은 단기적이 일회성이 아니라 장기적인 관점에서 디지털 트랜스포메이션 진행을 요구했는데 충분히 공감할 수 있는 주장이다.

이에 반해 4차산업혁명을 위한 방법론은 충분하지 않다. 독일의 인더스트리 4.0과 미국의 산업용사물통신 컨소시엄[26]에서 일부 소개와 설명이 있기는 하나, 제조업 중심의 접근이라는 데에는 명백한 한계가 있다. 4차산업혁명이 인더스트리 4.0보다 더 넓은 의미로, 제조업에 국한된 것은 아니다. 또한 독일의 인더스트리 4.0도 제조업에만 국한된 것이 아니다. 그럼에도 불구하고 우리나라의 경우 4차산업혁명에 대한 편향적 인식이 존재함은 안타깝다. 어떻든 4차산업혁명을 중심으로 체계적 방법론이 풍부하지 않다는 것은, 4차

---

24 권병일 · 안동규 · 권서림 (2018). 「4차 산업혁명의 실천 디지털 트랜스포메이션」. 청람
김진영 · 김형택 · 이승준 (2017). 「디지털 트랜스포메이션 어떻게 할 것인가」. e비즈북스
25 Brian Solis with Aubrey Littleton (2017). The 2017 State of Digital Transformation. Altimeter.
26 https://www.iiconsortium.org/

산업혁명을 인정한다 하더라도, 대응전략을 세우는 것을 어렵게 한다.

셋째, 디지털 트랜스포메이션에는 산업별로 다양한 사례가 존재한다. 세계경제포럼에서 산업별 디지털 트랜스포메이션 사례를 제시하고 있다. 자동차, 소비재, 에너지, 의료서비스, 대중매체, 항공·교통, 화학, 오일·가스 등의 12개 산업군에 대한 디지털 트랜스포메이션 백서를 제시했다. 세계경제포럼은 여기에 그치지 않고, 디지털 트랜스포메이션으로 인한 플랫폼 경제, 디지털 사회 등에 대한 다양한 전망을 제시하고 있다. 이 외에도 디지털 트랜스포메이션에 대한 사례 연구 자료는 산업별, 기업별로 풍부하다.

세계경제포럼의 산업별 백서와 다양한 조직의 사례연구 자료는 비판적으로 접근해야 한다. 대부분 남의 다리 긁는 소리에 불과하기 때문이다. 플랫폼 경제가 의미가 있고 강력한 것은 분명하며, 이른바 데이터 자본주의로 전환하는 것도 틀림없으나, 한국 기업이 처한 생태계에서는 적절하지 않은 사례일 수 있기 때문이다. 낙타가 고래를 부러워할 수 없다.

다른 이야기긴 하지만, 사례연구와 관련하여 비판이 필요하다. 한국의 기업을 방문하면, 천편일률적인 디지털 전략을 주장하는 경우가 적지 않다. 기업의 규모와 디지털 역량 및 비즈니스 모델과는 관련 없이, 블록체인, 빅데이터, 인공지능만이 디지털 전략으로 이해된다. 조직의 사일로 현상을 제거하거나, 디지털 역량을 함양하는 데는 별로 관심이 없고, 제 몸에 맞지 않는 남의 디지털 전략을 요구하고 찾는다. 이러한 상태에서 사례연구의 결과를 단순 추종하는 것은 바다의 고래를 닮고자 낙타를 물에 처박아 넣는 꼴이다. 전략이란 맥락성과 고유성을 지녀야 한다. 디지털 트랜스포메이션을 위한 디지털 전략도 다르지 않다.

그럼에도 불구하고 다양한 사례를 이해하는 것이 필요하다. 굳이 남이 실패한 길을 답습할 필요는 없기 때문이다. 그런 차원에서 풍부한 사례연구의 존재는 고맙다. 다만 사례가 존재한다는 것은 처음 가는 길이 아니라는 것이고, 처음 가는 길이 아니라는 것은 이른바 '블루오션'이 아님을 명심해야 한다.

마지막으로 디지털 트랜스포메이션은 미래전략을 위한 근거를 제시한다. 디지털 트랜스포메이션은 궁극적으로 디지털 범용기술에 의해 인류의 정치, 경제 및 사회가 변혁될 것이라는 전망이기도 하다. 기업의 미래전략은 단기와 중기를 주 대상으로 하나, 시간은 연속적이며 역동적이다. 정부의 관점에서 중기와 장기의 디지털 트랜스포메이션 정책의 수립은 반드시 필요하며, 이때 미래학적 시각이 필요하다. 엘론 머스크의 SpaceX나 디즈니, 구글, 독일의 도이치텔레콤, 로열더치셸 등의 기업도 장기 미래에 대한 전망을 하고 이에 대한 전략을 수립하고 있기 때문에, 장기 미래전략을 정부나 국가 정도의 큰 조직에서 해야 하는 일로 국한해서는 안 된다.

기업차원에서 미래전략을 수립하기 위해서는 어느 정도의 합리적인 미래에 대한 예보(forecasting)가 필요하다. 디지털 트랜스포메이션의 촉매기술인 디지털 범용기술은 합리적 예보를 위한 미래 가시성을 제공한다. 예를 들어 가상현실 기술은 2030년대 중반 완벽한 몰입형 가상현실 기술로 성숙할 것으로 예견된다. 그때 스마트 콘택트렌즈 기술과 브레인 머신 인터페이스(BMI) 기술이 충분히 성숙할 것인지는 알 수 없다. 특히 뇌파를 읽어서 하는 BMI 기술은 성숙이 가능하다 하더라도, 반대로 뇌에 직접적인 입력을 하는 BMI 기술이 성숙하기 위해서는 더 많은 시간을 기다려야 할 것으로 보인다. 그러나 현재 인간의 나안 정도의 시야각과 화소수의 가상현실, 증강현실 기술은 2020년대에도 출현이 가능하다. 경량에 무선 및 어지럼증이 없는 완전한 몰입형 가상현실 기술은 비즈니스 환경에 근본적 변화를 가져올 것이다. 디지털 소비재가 일상화될 것이며, 가상현실 회의 기술은 업무 프로세스에 근본적 변화를 야기할 것이다. Capgemini 컨설팅이 주장한 디지털 트랜스포메이션의 3가지 요소인 사용자 경험, 비즈니스 프로세스 및 비즈니스 모델이 완전한 변화가 올 것이다. 다만 그 시기가 불확실할 따름이다.

한진해운은 해운 업계의 변화에 추세외삽법적 대응과 전략으로 일관하다가 2017년 2월 17일 파산을 맞이했다. 한진해운의 경영악화의 이면에는 다양한 원인이 존재하기 때문에 미래위험에 대한 대비를 잘못한 것이 유일한 원인이라고 단정할 수는 없다. 그러나 추세외삽법적 전망에 의한 단순 전략이 미래 위험과 변화에 대응하지 못하게 한 원인의 하나였음을 부인할 수 없다. 디지털 트랜스포메이션은 단기적인 변화에서 장기적이며 근본적인 변화까지 야기할 것이다. 2020년경 배양육이 상용화되는 경우, 기존의 목축업은 범용 디지털 기술과 생명과학기술에 의해 그 산업의 근간이 뒤흔들리게 된다. 미래성장가능성과 미래위험에 대한 대응을 위해서라도 디지털 범용기술을 통해서 미래를 전망하고 전략을 수립하는 것이 필요하다.

다음 절에서는 디지털 트랜스포메이션의 역사와 개념에 대해서 속살을 들여다보겠다. 다양한 디지털 트랜스포메이션에 대한 정의를 비교분석함으로써, 조각 그림을 모으고, 통시적인 이해를 가능하게 하기 위함이다. 디지털 트랜스포메이션은 시간의 흐름에 따라 진화할 것이고 전략과 정책도 통시적 역동성을 지녀야 한다.

③ 디지털 트랜스포메이션의 역사와 개념 비교

앞 절에서 다소 장황하고 수사적으로 디지털 트랜스포메이션에 대해 살펴보았다. 여기에서는 보다 차분하게 디지털 트랜스포메이션의 역사적 변천과 개념을 살펴보겠다.

디지털 트랜스포메이션이란 작게 말하자면, 디지털 기술과 비즈니스의 융합에 따라 조직 문화와 조직 구조, 상품, 서비스 및 절차가 이전과는 근본적으로 다른, 즉, 질적으로 변화하는 것을 의미한다. 다시 말하자면 디지털 기술로 인해 비즈니스 변혁(Business Transformation)이 일어난 것을 의미한다. 좀 더 크고 장기적인 관점에서 보면, 디지털 트랜스포메이션은 정치, 경제 및 사회 시스템에 근본적 변화를 가져올 것으로 판단된다. 4차산업혁명과 디지털 트랜스포메이션에 대해 저자[27]는 앨빈 토플러가 주장한 '제3의 물결'의 본진(本震)이라고 주장한다.

4차산업혁명의 촉매 기술에 대해 슈밥 회장은 디지털 혁명을 언급했는데, 디지털 혁명이란 센서 가격의 하락과 무선통신망의 지수적 발달, 무어의 법칙에 따른 CPU 가격의 하락 등을 의미한다. 디지털 혁명을 통해 사물통신이 현실화되었고, 사이버 물리 시스템이 가능해졌고, 가트너(Gartner)와 제너럴일렉트릭(GE)이 주장하는 디지털 쌍둥이(Digital Twin)가 상상의 세계에서 현실세계로 체화되었다. 사물통신의 활성화에 따라 빅데이터와 클라우드 시스템이 대중화되고, IT 산업의 지형이 근본적으로 바뀌었다. 시스템은 보다 자동화되고 플랫폼 지향적으로 변화하고 있다. 더 나아가 많은 비즈니스가 특정 클라우드 시스템에 의존적인 경향을 보일 가능성이 높아졌다. 인공지능과 모바일 로봇의 발전은 비즈니스의 수행방식과 접근방법에 근본적 변화를 가져왔다. 어떠한 비즈니스라 하더라도 디지털 시스템과 연계하지 않는 것을 상상하기 어렵게 되었다.

이제 디지털 트랜스포메이션은 일상적인 용어가 되었고, 이에 적응하는 것이 기업 생존의 필수조건이 되었다. 과거에 디지털 시스템은 부수적이고 보조적인 것이었으나, 현재에 디지털 시스템은 근본이 되었다. 즉 살이 되고 뼈로 전환중인 것이다. 한국사회도 이를 충분히 인식하기 시작했다. 몇 년 전에는 보이지 않던 최고 디지털 책임자(CDO, Chief Digital Officer)를 두고 있는 기업이 상대적으로 많아졌다.

물론 최고 디지털 책임자(CDO)만이 디지털 트랜스포메이션을 책임지는

---

27 윤기영 (2016). "4차산업혁명에 대한 비판적 검토와 논의의 전환 필요성." 미래연구 1권 2호.

것은 아니다. 우리나라 사례는 아니나, 글로벌 사례를 기준으로 할 때, 최고 마케팅 책임자(CMO), 최고 정보 책임자(CIO) 등이 디지털 트랜스포메이션 전략을 책임지는 비율이 더욱 높기 때문이다. 어떻든 디지털 트랜스포메이션을 추진하기 위한 직책을 늘리는 경향은 더욱 강화될 것으로 보인다. 글로벌 IT 기업의 하나인 NETSCOUT에 따르면 IT와 비즈니스 의사결정권자의 약 80%가 디지털 트랜스포메이션이 급박하다고 판단했다고 한다.

디지털 트랜스포메이션을 보다 자세히 들여다보기 위해서 비즈니스 트랜스포메이션, 융합, 그리고 디지털 트랜스포메이션에 대한 조짐과 개념비교를 살펴보도록 하겠다.

가 비즈니스 트랜스포메이션

디지털 트랜스포메이션에 앞서 20세기 말부터 비즈니스 트랜스포메이션이 경영전략의 화두로 등장했다. 비즈니스 트랜스포메이션이란 외부환경의 근본적 변화에 대응하기 위한 조직구조 및 문화 등의 질적 변화를 의미한다. 외부 환경의 본질적 변화에 대응하기 위해서는 조직문화, 조직구조 등의 모든 것을 바꾸어야 한다는 것이 비즈니스 트랜스포메이션의 주장이다. 이러한 트랜스포메이션에 대한 수요는 1990년대 말부터 존재했다. 인터넷의 발달로 인해 경영환경의 본질적 변화가 전망되었기 때문이다.

비즈니스 트랜스포메이션의 개념은 지속적으로 진화했다. 외부환경에 대응하기 위해서, 비즈니스 프로세스의 재설계를 구축하고, 그 의미와 성과가 명확하지 않은 프로세스와 그 프로세스를 담당하는 조직을 과감하게 외부화하라는 주장도 이 비즈니스 트랜스포메이션에 해당한다. 이에 따를 경우 비즈니스 트랜스포메이션은 변화관리와 유사한 개념으로 제한된다.

최근 비즈니스 트랜스포메이션에 대해 보다 근본적 의미 변화로 이해하자는 주장이 있으며, 이는 디지털 트랜스포메이션과 이어지는 것으로 판단된다. 싱가포르에 본사를 두고 있는 혁신 전략 컨설팅 펌인 이노사이트(Innosight) 소속의 스캇 앤소니(Scott Anthony)는 하버드 비즈니스 리뷰에 실은 글에서 비즈니스 트랜스포메이션을 3가지 유형[28]으로 분류했다.

- **운영 트랜스포메이션:** 디지털 기술을 이용하여 비용 효율성을 개선하는 것이다. 현재 하고 있는 일을 더 싸게, 더 빠르게, 더 좋게 하는 것이다. 디지털 트랜스포메이션이 이러한 유형에 해당한다. 새로운 기술로 기존의 문제점을 해결하려는 시도다.

- **운영 모델 트랜스포메이션:** 기존 업무를 완전히 새로운 방식으로 수행하는 변혁이다. 넷플릭스가 이에 해당하는데, 이들은 과거에 우편으로 DVD를 배송했지만, 지금은 웹으로 온라인 비디오 콘텐츠를 실시간 전송한다. 즉, 비즈니스 모델을 디지털 기술을 이용하여 변혁한 사례에 해당한다.

- **전략 트랜스포메이션:** 최종 유형인 전략 트랜스포메이션은 가장 큰 가능성과 위험을 가진다. 회사 본질의 변혁이다. 납에서 금으로 변혁하고, 액체가 기체로 승화하는 것과 같다. Apple사가 컴퓨터에서 소비자를 위한 가젯 제조사로 변환하고, 구글이 광고 비즈니스 모델에서 자율주행자동차 제조사로 변혁하며, 아마존이 온라인 소매상에서 클라우드 컴퓨팅 회사로 전환하는 것과 같다. 이를 위해서는 비즈니스 모델, 프로세스, 조직의 구조와 문화 등의 종합적인 변혁이 필요하다. 이러한 전략이 제대로 진행된다면, '용감'하거나 '인습 파괴적'이라는 평을 들을 수 있으나, 제대로 수행되지 못하는 경우', '무모'하다거나 혹은 '파괴적'이라는 평을 들을 수 있다.

앤소니의 비즈니스 트랜스포메이션 정의와 분류는 두 가지 측면에서 의미가 있다. 첫째는, 이 분류가 통시적 의미를 지닐 수 있다는 점이다. 즉 세

---

28 Scott D. Anthony (2016). What Do You Really Mean by Business "Transformation?" Harvard Business Review

가지 유형의 변혁이 동시에 진행될 수 있다는 점을 명확히 한 것이다. 앤소니 등이 공저한 「이중 트랜스포메이션(Dual Transformation)」[29]에서 이를 명확히 했다. 매킨지 컨설팅은 '3개 시계(3개 時界, Three Horizons)'[30] 프레임워크에서 7:2:1의 투자 원칙을 제시했는데, 현재 및 단기 미래에 7, 중기 미래에 2, 장기 미래에 1의 투자 배분을 해야 한다는 의미다. 매킨지의 3개의 시계 이론의 의미와 구성에 대해서는 이견이 있을 수 있고, 투자 비율에 대해서도 다른 의견이 있을 수 있다. 그러나 개선과 개혁, 근본적 변혁을 동시에 진행해야 한다는 점에서는 이견이 많지 않을 것이다. 두 번째는 비즈니스 트랜스포메이션의 세 가지 유형과 디지털 트랜스포메이션의 의미는 동일하다는 것이다. 실상 우리나라에서 디지털 트랜스포메이션의 모습은 '운영 트랜스포메이션'에 해당하는 경우가 대부분이다. 운영 모델 트랜스포메이션과 전략 트랜스포메이션에 대한 근본적 고민, 성찰, 도전이 없는 경우, 조직의 지속생존 가능성은 낮을 수밖에 없다는 것은 단순한 과장이나 저자의 협박이 아님을 알 수 있을 것으로 믿는다.

다시 강조하지만 우리나라의 현 디지털 트랜스포메이션은 앤소니의 운영 트랜스포메이션으로 첫 단계에 불과하다. 뒤에도 언급하겠으나 콜롬비아 대학 경영학 교수인 로저스는 혁신을 개선 혁신(Improve)과 변혁적 혁신(Explore)으로 나누었는데, 우리나라에서의 디지털 트랜스포메이션의 대부분은 개선 혁신에 해당한다. 이의 원인은 다양하겠으나 저자의 진단은 다음과 같다.

첫째, 신속추격전략(FAST Follow)에 너무 익숙해져 있기 때문이다. 서구에

---

29 Scott D. Anthony & Clark G. Gilbert & Mark W. Johnson (2017). Dual Transformation: How to Reposition Today's Business While Creating the Future. Harvard Business Review Press.

30 McKinsey Quarterly (2009). Enduring Ideas: The three horizons of growth. accessed 2018.11.02 https://www.mckinsey.com/business-functions/strategy-and-corporate-finance/our-insights/enduring-ideas-the-three-horizons-of-growth

서 안착된 기술을 수입하여 개선을 함으로써 비용효율성을 높이는 데 한국은 상당한 역량을 보여주었다. 디지털 트랜스포메이션 시대에도 운영 트랜스포메이션에 머물러 있는 이유가 거기 있다.

둘째, 단기 성과평가 제도의 한계 때문이다. 단기 성과평가는 장기전략을 불가능하게 한다. 운영 모델 트랜스포메이션만 하더라도 중장기적 접근이 필요하다. 2년 이상의 전략을 불확실성을 가지고 지속적이고 일관되게 진행할 수 있는 성과평가체계가 부족한 조직이 대부분이다. 우리나라 임원의 평균 근무 연한은 2년 내외이다. 실적이 좋아야 2년을 넘길 수 있다. 그들에게 2년 넘는 시계(時界)를 가지라고 요구하는 것이 오히려 무리다. 가령 A와 B라는 투자가 있고, 그 비용이 8로 동일하다고 가정해보자. A에 대한 투자는 80%의 확률로 100의 성과를 4년 후에 거둘 수 있을 것으로 예상된다. 이에 반해 B라는 투자는 성과가 10이며 1년 후에 거둘 수 있고 그 확률은 90%이다. 조직의 차원에서는 A에 투자해야 하나, 그 임원은 B에 투자하는 것이 자연스럽다. 게임 이론에 의할 때 그렇다. 이런 상황에서 보다 본질적이고 궁극적인 디지털 트랜스포메이션 전략을 세워지기를 기대하는 것은 해당 기업의 실질적인 최고의사결정권자의 착각이다.

마지막으로 상명하복의 문화, 줄 서기 문화, 관료문화 때문이다. 공공조직뿐만 아니라 이제 대기업도 관료문화적 요인이 나타나기 시작했다. 상급 직원의 불합리한 요구에 토론과 논리로 합리적 대응을 하는 것이 아니라, 갖은 고생을 다하여 안 된다는 것을 입증해야 하는 것이 우리나라의 조직문화다. 그런 상황에서 창의적이고 도전적이며 실험적인 디지털 트랜스포메이션이 정착하기를 기대하는 것은 사치다.

디지털 범용기술은 한국사회가 제조업사회에서 서비스사회를 관통하고 바로 지식사회로 이행할 것을 요구하고 있다. 지식사회에 대한 전망은 20세기 중·후반기부터 꾸준하게 제기되었으나, 일부 사상가가 주장하듯이 장밋

빛은 아닌 것으로 저자는 판단[31]한다. 그럼에도 불구하고 우리나라는 지식 사회로 이행해야 하며, 그것은 다른 한편으로 영리조직과 정부조직 그리고 비영리조직의 디지털 트랜스포메이션, 그것도 운영 모델 트랜스포메이션과 전략 트랜스포메이션, 그리고 정치와 사회·문화 및 경제의 트랜스포메이션 형태로 진화되어야 할 것으로 판단한다.

나 융합, NBIC 그리고 디지털 트랜스포메이션

이제 융합은 진부한 표현과 접근이 되었다. 음식 냄새에 질려서, 정작 음식을 먹지도 못해 배는 고픈데, 음식을 먹지 못하는 경우다. 우리나라에서 융합적 접근이 뿌리를 내리지도 못했는데 융합에 대해 식상하다고 주장하는 것은 우리나라가 뼈에는 다가가지도 못하면서, 거죽만 보고 세상을 다 살았다고 주장하는 것과 같다.

유행이 아니라, 유행의 동인을 봐야 한다. 디지털 트랜스포메이션도 같다. 유행하는 단어가 아니라 그 핵심동인과 방향을 봐야 한다. 저자가 앞에서 그 동인과 이음동의어를 상세하게 논의한 것도 유행에 흔들리지 않도록 하기 위함이다. 그리고 그 중에 융합에 대한 고민도 들어 있다.

진화생물학자인 에드워드 윌슨은 1998년 〈통섭(統攝, Consilience)〉을 출간했다. 같은 해 그의 제자인 최재천 교수가 책을 번역 출간했고, 우리나라 사회에 상당한 반향을 불렀다. 학제간 연구와 학문간 융합에 목말라했던 우리나라의 학자와 실무자에게 일종의 대안으로 여겨졌기 때문이다. 이후 우리나라에서는 융합 학문, 융합형 인간, 융합 과학 등의 용어가 관심을 모았다. 일부 대학에서는 융합대학원이 생기기도 했다.

그런데 윌슨의 통섭에 대해서는 날선 비판이 존재한다. 자연과학이 인문

---

31 윤기영 (2018). "지식사회의 약속은 여전히 유효한가: 지식사회 2.0에 대한 전망." 미래연구 3권1호.

학과 사회과학을 모두 통섭할 수 있다는 주장은, 20세기 초의 환원주의로 회귀할 위험을 가지고 있기 때문이다. 사회와 인간이 추구하는 가치를 자연과학적으로 분해해서 이해할 수 없다는 것이 인문학과 사회과학 다수의 견해이다. 이에 대한 상세한 논의와 비판[32]을 여기서 모두 소개할 것은 아니므로 생략하겠다.

융합이 의미 있는 이유는 정보기술, 생명과학기술, 나노물질기술 등을 서로 융합하여 접근하는 것을 강조한 데 있다. 미래 기술은 독자적으로 발전하지 못한다. 생명과학기술의 발달에는 정보기술의 하나인 빅데이터 기술이 일조했다. 나노물질기술의 발전은 생명과학기술과 IT 기술을 발전시킨다. 우주기술의 발달에는 IT 기술의 발전이 일조했다. 이들 기술은 서로 독립하여 자기의 영토에서만 국경을 닫고 발전하는 것이 아니라, 융합하고 교유함으로써 더 높은 성과를 만들어낸다. 이를 위한 방법론이 융합방법론이고, 이 융합에 대한 체계적 고민은 20세기 말 미국을 주도로 발전했다. 이에 대한 경험을 모아서, 미국의 미국 국립과학재단의 로코(Roco)와 베인브릿즈(Bainbridge) 등이 관련 방법론 등을 책으로 엮어 내기도 했다[33]. 〈그림 8〉은 나노물질, 생명과학기술, 뇌과학 등에 대한 융합적 개념을 표현한 것이다.

슈밥이 4차산업혁명의 촉매기술로 IT, BT 및 NT를 언급했음을 기억할 수 있을 것이다. 정책학자인 드로어(Dror)가 인공지능과 BT, NT 및 우주기술

---

32 자연과학을 중심으로 인문학과 사회과학을 아우르겠다는 주장은 자칫 기계론적 우주관으로 회귀할 수 있다. 이 책에서 이에 대해 긴 논의를 하는 것은 적당하지 않다. 이에 대한 비판은 또 다른 진화 생물학자이며 〈이기적인 유전자〉의 저자인 리처드 도킨스의 글로 갈음하겠다. "나는 진화에 따른 도덕성을 주장하는 것이 아니다. 또한 우리 인간이 도덕적으로 어떻게 행동해야 하는가를 말하려고 하는 것도 아니다. (중략) 어떠해야 한다는 주장과 어떠하다고 하는 진술을 구별해야 한다.", "우리는 유전자의 기계로 만들어졌고 'Meme'의 기계로서 자라났다. 그러나 우리에게는 우리의 창조자에게 대항할 힘이 있다. 이 지구에서는 우리 인간만이 유일하게 '이기적 자기복제자의 폭정'에 반역할 수 있다."

33 Mihail C. Roco & William S. Bainbridge & Bruce Tonn & George Whitesides (2014). 「Convergence of Knowledge, Technology and Society: Beyond Convergence of Nano-Bio-Info-Cognitive Technologies」. Springer.

그림 8 NBIC 융합 플랫폼을 위한 개념도

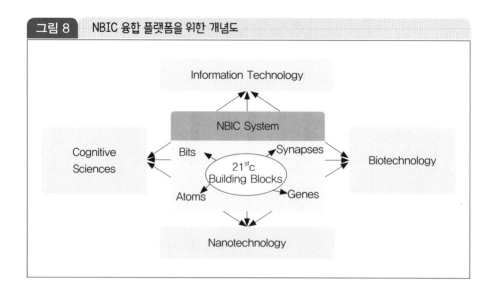

ST를 언급했음도 기억할 수 있을 것이다. 3차산업혁명을 주장한 리프킨은 에너지 기술, 즉 ET도 주장했음도 연상할 수 있을 것이다. 그리고 이들 모두가 디지털 트랜스포메이션과 이음동의어임도 알 수 있을 것이다. 융합은 디지털 트랜스포메이션을 위한 구체적 방법 중의 하나이다.

디지털 범용기술의 하나인 3D 프린팅은 인공지능과 생명과학기술과 연계되고 융합되어야 한다. 그런데 우리나라에서는 병원 등에서 3D 프린팅에 대한 연구를 비교적 활달하게 진행하나, IT 분야에서는 이에 대한 적극적인 연구를 찾기 어렵다. 그리고 우리나라 의료분야에서 IT 기술을 일종의 지원 서비스로 이해하는 경향이 크며, 적극적으로 융합적 시도를 하려는 동향도 비교적 찾기 쉽지 않다. 여기서 융합이라 함은 대등하고 활발한 대화가 가능한 접근이라 해도 무방하겠다.

〈그림 9〉는 디지털 범용기술의 입장에서 다양한 학문적 융합과 비즈니스적 융합의 사례를 소개한다. 디지털 범용기술은 데이터, 정보 및 지식의 라이프사이클과 흐름에 질적 변화를 야기하므로, 사실상 모든 학문분야와 실무분야에 변혁을 가져올 수밖에 없다. 그리고 그 변혁의 범위는 운영 트

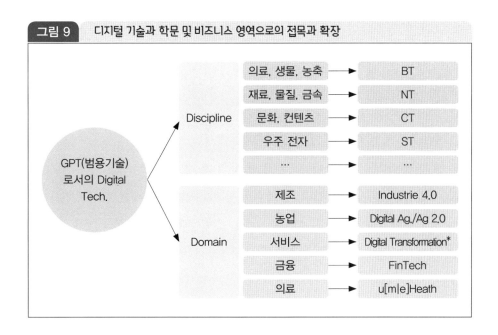

| 그림 9 | 디지털 기술과 학문 및 비즈니스 영역으로의 접목과 확장 |

Discipline
- 의료, 생물, 농축 → BT
- 재료, 물질, 금속 → NT
- 문화, 컨텐츠 → CT
- 우주 전자 → ST
- … → …

GPT(범용기술)
로서의 Digital
Tech.

Domain
- 제조 → Industrie 4.0
- 농업 → Digital Ag./Ag 2.0
- 서비스 → Digital Transformation*
- 금융 → FinTech
- 의료 → u[m|e]Heath

랜스포메이션에 그치지 아니함도 당연하다.

다. 2010년대 초의 디지털 트랜스포메이션의 조짐

비즈니스 트랜스포메이션과 융합에 대한 논의에 이어 IT 기술의 발전은 새로운 변혁의 가능성을 내놓았다. 인터넷의 출현을 넘어선 새로운 변화에 대해 가장 먼저 목소리를 낸 조직 중 하나가 가트너다.

2011년에 가트너는 사회관계망, 모바일 통신, 빅데이터, 클라우드 시스템의 힘이 상호 연계하고 융합하여 비즈니스 환경의 변화를 야기할 것이라는 전망을 제시했다. 2010년대 초부터 IT의 두 번째 쓰나미가 몰려오고 있다는 전망이 있어 왔다. 인터넷의 출현과는 다른 흐름이 있다는 것인데, 당시 가트너 등은 사회관계망, 모바일, 빅데이터 및 클라우드 시스템을 이들 변혁을 야기하는 네 가지 기본 힘이라고 보았다. 이의 두문자를 따서 SMAC(Social, Mobile, Analytics, Cloud)이라고도 한다. 이때 빅데이터는

Analytics에 대응한다. SMAC이 사물통신(IoT)과 연계하여 제3의 플랫폼을 제공할 것이라는 것이 가트너의 주장이었다. 이후 가트너는 이들 기술을 추적함과 아울러 미래 비즈니스 환경을 근본적으로 바꿀 것으로 예상되는 기술을 추가하고 분석해 왔다.

그런데 이러한 인식의 출발은 가트너에게만 있었던 것은 아니다. 미래 기술에 대한 전망은 다르나, 근본적 변화의 도래에 대한 조짐은 누구나 인식하고 있었던 것으로 보인다. 반복적인 이야기인데, 2011년 하노버 박람회에서 공식화된 독일의 인더스트리 4.0과, 같은 해 제러미 리프킨이 출간한 「제3차산업혁명」도 동일한 변화의 조짐을 감지했던 것으로 보인다.

매킨지의 MGI(Mckinsey Global Institute)는 2013년 5월 '모바일 인터넷과 사물통신 등 12개의 기술이 사람들이 살아가는 방식, 비즈니스 행태 및 경제를 파괴적으로 전환시킬 것'이라고 전망[34]하기도 했다. 2013년 8월의 「하버드 비즈니스리뷰」에서 당시 Capgemini 컨설팅의 수석부대표였던 보넷(Bonnet)은 '모바일, 임베디드 소프트웨어 등 5가지 기술 변화가 IT의 두 번째 물결을 불러올 것'이라고 단언[35]했다. 이들 서로 다른 기관이 미래변화에 대해 같은 냄새와 조짐을 느끼고 있었다. 이러한 여러 변화의 조짐을 관통하여 비교해 보면 〈표 4〉[36]와 같다.

흥미로운 것은 2010년대 초에 지금 주로 화두가 되고 있는 기술이 상당부분 빠져있다는 점이다. 이는 미래유망기술이 빠른 속도로 추가되고 있다는 것을 의미한다. 비록 해당 기술이 각광을 받기 이전에 수십 년간 기술이

34 James Manyika & Michael Chui & Jacques Bughin, et al. (2013). Disruptive technologies: Advances that will transform life, business, and the global economy. Mckinsey Global Institute.

35 Didier Bonnet (2013). Do You Have the IT For the Coming Digital Wave?. Harvard Business Review.

36 윤기영 (2013). 변화의 파도를 탈 서핑보드 준비하라. IT Daily. accessed 2018.11.04. http://www.itdaily.kr/news/articleView.html?idxno=44868

표 4	다양한 기관의 핵심 미래기술에 대한 전망			
기술 유형	가트너	매킨지	보넷 (Bonnet)
소셜 네트워크 서비스	○		○
모바일 기술	○	○	○
클라우드	○	○	○
빅데이터	○		○
사물통신	○	○	○

성숙했다는 것을 감안해야 한다. 그리고 이와 관련하여 흥미로운 점은 우리나라의 국가정보화 전략의 키워드로 ICBM을 언급했다는 것이다. ICBM은 사물통신(IoT), 클라우드 시스템(Cloud), 빅데이터(Big Data), 모바일(Mobile)의 두문자다. 가트너의 SMAC과 ICBM은 일맥상통한다. 다만 ICBM이 암기하기는 더욱 좋기는 하다. 이후 초연결, 초지능 사회도 정보사회의 방향으로 추가되었다. 미래기술의 발전방향과 이에 따른 기업 전략과 국가 전략의 방향으로는 초지능과 초연결은 무엇인가 간이 덜 된 느낌이다.

최소한 2010년대 초의 미래 기술과 앞에서 언급한 디지털 범용기술을 비교하면 명확해진다. 그리고 가트너는 이후 지속적으로 미래기술을 그들의 시각과 입맛에 따라 추가하고 있다. 비교의 재미를 더하기 위해 NBIC 융합기술을 추가했다.

디지털 범용기술의 발달속도가 꽤 높음을 알 수 있다. VUCA의 가속도를 의미하는 것이기도 하다. 21세기 초의 디지털 범용기술이 이 정도의 속도로 늘어나고 있는데, 이후 디지털 범용기술을 포함한 범용기술이 더욱 빠른 속도로 늘어날 수 있다. 이러한 동향은 현재 우리나라 당국의 접근과 전략이 '느린 추격자(Slow Follower)'로 전락하고 있음을 알려준다. 그리고 그 모습이 영리 법인이라고 크게 다르지 않은 것 같다.

다음 절에서 디지털 트랜스포메이션에 대한 다양한 사례와 정의를 비교

표 5	디지털 범용기술과 NBIC 및 가트너 등이 제시한 미래기술과의 비교		
순번	디지털 범용기술	NBIC와의 관련	가트너 등의 미래기술과의 관련
1	나노물질 기술	○	
2	인공지능	○	
3	3D 프린터		
4	크리스퍼(CRISPR)	○	
5	가상/증강/혼합현실(VR/AR/MR)		
6	블록체인		
7	신경망기술	○	
8	소형위성기술		
9	사물통신/산업용 사물통신		○
10	빅데이터	○	○
11	드론		
12	스마트로봇		

하고, 이 다양한 정의를 관통할 수 있도록 하겠다.

라 디지털 트랜스포메이션의 정의

1) MIT와 캡제미니(Capgemini) 컨설팅 펌의 정의

MIT와 컨설팅 펌인 캡제미니가 협력하여 디지털 트랜스포메이션 전략 방법론 등을 제시했다. 캡제미니는 디지털 전략 전문 글로벌 컨설팅 펌으로 그 신뢰도가 높다고 판단된다. MIT와 캡제미니는 디지털 트랜스포메이션을 고객경험, 운영 프로세스, 비즈니스 모델 세 가지 관점에서 제시했다. 이들의 디지털 트랜스포메이션은 꽤 포괄적이면서도 구체적 방안을 제시한다는 측면에서 장점이 있다.

앤소니의 비즈니스 트랜스포메이션과 비교하면 운영 트랜스포메이션에

그림 10 디지털 트랜스포메이션 빌딩 블록(MIT & Capgemini)

고객경험	운영 프로세스	비즈니스 모델
고객이해 • 분석기반 고객 세분화 • 사회적 정보지식	**절차의 디지털화** • 생산성 향상 • 새로운 절차적 특징과 기능	**디지털 지향 비즈니스** • 상품과 서비스의 증강 • 무리적인 것에서 디지털적인 것으로의 이행 • 디지털로 상품과 서비스 포장
총매출액과 수익 증가 • 디지털로 증진된 판매 • 예견적 마케팅 • 부드럽고 식속한 고객 절차	**노동자 지원** • 언제든 어디서든 업무 처리 • 보다 넓고, 보다 신속한 커뮤니케이션 • 근로자간 지식 공유	**신규 디지털 비즈니스** • 디지털 상품 • 조직의 경계를 재구성
고객과의 접점 • 고객 서비스 • 교차 채널의 일관성 • 셀프서비스	**업무 수행 관리** • 운영 투명성 제고 • 데이터 기반 의사결정	**디지털 글로벌라이제이션** • 기업조직의 통합 • 권한의 재분배 • 디지털 서비스의 공유

• 통합된 데이터와 프로세스 보유
• 분석능력 　　디지털 능력　　 • 비즈니스와 IT 통합 현황
• 솔루션 제시 역량

서 운영 모델 트랜스포메이션까지 아우른다는 점에서 비교적 넓은 시각으로 접근했음을 알 수 있다. 디지털화, 디지털통합 및 디지털트랜스포메이션 관점에서 보면 디지털통합 측면이 강조되었다고 판단된다. 다만 4차산업혁명 등에서 언급한, 보다 먼 비즈니스 환경 변화에 대한 언급이 없다는 점은 주목해야 한다.

기업의 관점에서 10년을 넘어선 비교적 먼 미래에 대한 전략을 수립하는 것은 쉽지 않다. 20세기 말에도 5년을 넘어선 미래를 예견(Predict)하는 것은 물론이고, 추세외삽법에 기반을 둔 예보(Forecast)조차도 사실상 불가능했기 때문이다. 따라서 예보 및 예견에 기반을 둔 전략계획(Strategic Planning)을 수립한다는 것은 무의미했다. MIT와 캡제미니가 디지털 트랜스포메이션의 시계(時界)를 축소시킨 것은 이해할 만하고 합리적이다. 그러나 매킨지가 3개

시계(Three Horizons)의 시각 틀로 투자전략을 접근했다는 점을 고려하고, 이를 수용한다면 전략적 일관성이라는 측면에서는 비판의 여지가 있다. 그리고 저자의 시각에 의하면 기업은 단기, 중기 및 장기를 모두 전망해야 하며, 전략적 사고와 정책적 사고에 의해 창의적이고 창발적 전략과 전략을 수립해야 한다. 그리고 실행 전략계획과 정책계획은 그 이후의 접근이다.

디지털 능력을 기반에 두었다는 점은 주목해야 한다. 디지털 트랜스포메이션의 성공적 진행을 위해서는 디지털 능력을 반드시 보유해야 한다. 디지털 능력을 외부에서 아웃소싱 하는 것은 지양해야 한다. 최근 디지털 전략을 추진하는 우리나라의 기업은 IT 컨설팅 조직에서 컨설턴트를 채용하고 있는 경향이 눈에 두드러질 정도로 늘어나고 있다. 디지털 전략 부서를 만들면서 이들을 채용하는 것이다. 나름 의미 있는 접근으로 판단한다. 다만 독일의 노동 4.0 백서에 따른 우리나라 디지털 역량이 OECD 국가 중 최하위 수준이라는 점은 지적하고 지나가야 하겠다. 디지털 능력(Digital Capabilities)은 디지털 역량(Digital Literacy)을 전제로 한다. 디지털 능력은 데이터 표준화 및 통합 능력, 소프트웨어 개발 능력, IT 프로젝트 관리 역량, 비즈니스와 IT를 융합하는 역량 등이 해당할 것이다. 디지털 역량은 컴퓨터를 이해하는 역량으로 엑셀을 잘 다루는 초보적 역량을 의미한다. 우리나라 임원의 디지털 역량은 매우 낮은 수준이다. 디지털에 대한 이해 없이 디지털 전략을 수립하겠다는 것은 상당한 모순이며 역설이다.

디지털 트랜스포메이션의 대상은 고객 경험, 상품, 서비스, 프로세스, 조직 구조와 문화 등으로 볼 수 있는데, 이 중 고객 경험, 상품과 서비스, 프로세스로 국한하고 조직 구조와 문화 등을 포함시키지 않은 것에는 큰 아쉬움이 남는다. 저자에게는 '돼지들의 소풍'이라는 우화를 생각나게 하기 때문이다.

'돼지들의 소풍'은 자기 소외를 풍자한다. 돼지 12마리가 소풍을 갔는데, 같이 간 돼지를 잃어버리지 않기 위해 주기적으로 돼지를 세었다. 그런데 세다 보니 11마리만 세어졌다. 자신을 세지 않았기 때문이다. 다른 돼지가 마릿수를 세도 11마리였다. 돼지 모두가 자신을 세지 않았기 때문이다. 디지털 트랜스포메이션에서 자기 자신의 트랜스포메이션하지 않는 트랜스포메이션이란 존재할 수 없다. 캡제미니가 제시한 디지털 트랜스포메이션의 구성에는 자기 변혁이 없다는 것은 큰 함정이다.

2017년 인터넷 은행인 케이뱅크와 카카오뱅크가 문을 열었다. KT, 우리은행 등의 컨소시엄인 케이뱅크에 대한 소비자의 관심이 상대적으로 높지 않았다. 그런데 이에 반해 카카오뱅크에 대한 관심은 상당히 높아서 단시일 내에 100만 계좌가 개설되었다. 이는 사용자 경험을 적극적으로 도입한 결과이다. 카카오톡에서 누적된 사용자 경험을 카카오뱅크에 연계했기 때문에, 고객의 관심이 몰렸던 것으로 보인다.

그런데 정부, 비영리조직 및 기업이 주목해야 할 점은 사용자 경험을 적극적으로 반영해야 하는 것도 있으나, 조직 문화와 의사결정구조에 대해서 먼저 눈을 돌려야 한다. 카카오뱅크가 사용자 경험을 적극적으로 반영할 수 있었던 것은 카카오톡의 사용자 경험을 활용할 수 있어서가 아니라, 사용자 경험을 녹여낼 수 있도록 의사결정이 이뤄졌기 때문이다. 케이뱅크는 전통적인 인터넷 뱅킹을 모바일 환경으로 그대로 이식한 반면, 카카오뱅크는 사용자경험의 원칙에 위배되는 뱅킹 프로세스와 화면을 수용하지 않았다는 점이다. 즉, 관련 의사결정권을 사용자 경험에 대한 전문가에게 위임했다는 의미다.

저자는 이에 대해 카카오뱅크가 성공한 것이 아니라 케이뱅크가 실패했다고 지적한다. 케이뱅크에 사용자 경험 팀, 즉 UX 팀이 없었던 것이 아니며, 상당한 자원을 투자했으나, 그들의 목소리가 의사결정 당시 반영되지 않았기 때문이다. 이것이 조직구조이고 조직문화다. 조직구조와 문화가 디지털 전략의 기반이 된다.[37] 케이뱅크의 실패는 인터넷 뱅킹 시스템 구축을 위

---

37 윤기영 (2018). 디지털 전략의 최종 표적은 조직문화다. 한겨레. accessed 2018.11.04.

한 조직구조와 문화, 권한위임 등에 실패했다는 의미다. 이의 원인은 짐작하건대, 인터넷 뱅킹이라는 디지털 전략과 디지털 시스템의 구축에 있어서, 최상위 의사결정권자가 조직 전략과 문화 전략을 간과했고, 케이뱅크 컨소시엄에 참여한 다양한 조직 간의 조율과 조화가 제대로 이뤄지지 못했던 것으로 보인다.

조직 구조, 문화, 성과평가 등의 제도가 디지털 범용기술의 확산에 따른 생태계 변화에 대응하지 않는다면, 디지털 트랜스포메이션은 성공할 수 없다. 우리나라에서 디지털 트랜스포메이션이 운영 트랜스포메이션에 제한되는 이유는 '돼지들의 소풍'에서 찾을 수 있다. 조직의 문화, 성과평가, 구조 등에 대한 혁신, 그리고 구성원의 심리적 안정감을 어떻게 줄지에 대해서 최고의사결정권자는 깊은 성찰을 해야 한다.

2) Mckinsey(매킨지)의 정의

매킨지는 디지털 기술로 인해 기업의 모든 구성요소와 모든 측면에 변화가 야기될 것으로 전망했다. 이들의 주장과 결론은 자연스러운 것이며 특별하다고 판단되지는 않는다. MIT와 캡제미니의 디지털 트랜스포메이션과 비교했을 때 그 맥락도 동일한 것으로 보인다. 〈그림 11〉은 글로벌 전략 컨설팅 조직인 매킨지의 디지털 트랜스포메이션으로 인한 기업의 변화 양상을 그린 것[38]이다.

매킨지의 전망에 대해서는 몇 가지 지적할 부분은 있다고 판단된다. 첫째는 기존의 IT 전략과 디지털 전략의 차이점이 뚜렷하지 않다는 점이다. 전략이란 일종의 연속성을 지닐 수밖에 없다. 디지털 전략이라고 해서 하늘에

---

http://www.hani.co.kr/arti/science/future/832954.html

[38] Tunde Olanrewaju & Paul Willmott (2013). Finding your digital sweet spot. Mckinsey & Company. accessed 2018.11.04. https://www.mckinsey.com/business-functions/digital-mckinsey/our-insights/finding-your-digital-sweet-spot

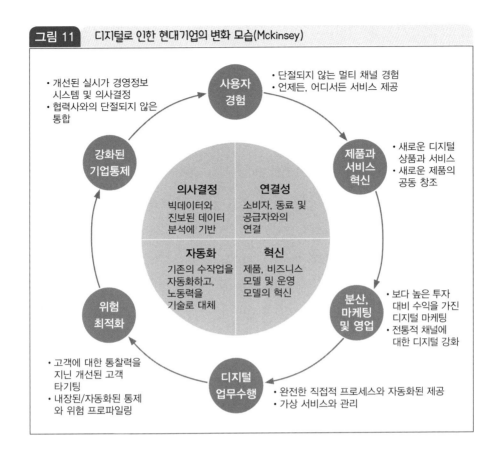

그림 11 디지털로 인한 현대기업의 변화 모습(Mckinsey)

사용자 경험
- 단절되지 않는 멀티 채널 경험
- 언제든, 어디서든 서비스 제공

제품과 서비스 혁신
- 새로운 디지털 상품과 서비스
- 새로운 제품의 공동 창조

분산, 마케팅 및 영업
- 보다 높은 투자 대비 수익을 가진 디지털 마케팅
- 전통적 채널에 대한 디지털 강화

디지털 업무수행
- 완전한 직접적 프로세스와 자동화된 제공
- 가상 서비스와 관리

위험 최적화
- 고객에 대한 통찰력을 지닌 개선된 고객 타기팅
- 내장된/자동화된 통제와 위험 프로파일링

강화된 기업통제
- 개선된 실시가 경영정보 시스템 및 의사결정
- 협력사와의 단절되지 않은 통합

의사결정
빅데이터와 진보된 데이터 분석에 기반

연결성
소비자, 동료 및 공급자와의 연결

자동화
기존의 수작업을 자동화하고, 노동력을 기술로 대체

혁신
제품, 비즈니스 모델 및 운영 모델의 혁신

서 뚝 떨어진 것은 아니다. 앞에서도 지속적으로 강조한 것이나, 디지털 트랜스포메이션도 일종의 IT 혁명의 연속선상에 존재한다. 데이터와 정보 및 지식의 흐름으로 범용 디지털 기술을 바라보면 수천 년의 흐름 속에서 디지털 트랜스포메이션에 대한 지혜를 찾을 수도 있다. 그러나 매킨지의 전략에는 앤소니의 전략 트랜스포메이션을 찾을 수 없다. 디지털 범용기술에 대한 통합적 접근 또한 없다. 둘째, 데이터 기반의 의사결정이란 대부분 합리적일 수 있다. 그러나 데이터란 과거를 대상으로 한다. 빅데이터라 하더라도 모든 정보를 저장하는 것도, 저장된 모든 데이터를 분석하는 것도 아니다. 즉 데이터 분석이란 일종의 시각 틀과 편향에 가둬지고, 일련의 가설적 전제 위에서 수행된다. 데이터 기반 의사결정이란 필요하나, 거기에만 의존하는 것이 위험하다는 것은 아무리 강조해도 오히려 부족하다. 더구나 VUCA의 시대에, 변화가 가속화된 시대에 과거의 데이터를 기반으로 의사결정을 한다는 것은 창의적 통찰력을 오히려 해치는 결과가 된다.

경영학의 구루인 헨리 민츠버그(Henry Mintzberg)[39]는 전략적 사고(Strategic Thought)와 전략계획(Strategic Planning)을 구분할 것을 요구했다. 전략적 사고는 보다 자유롭고 창의적 사고를 의미한다. 전략계획은 그 전략적 사고의 타당성을 입증하고 실행계획을 수립하기 위한 계량적이고 과학적 계획을 의미한다. 과학적이고 계량적 접근은 오히려 창의적 사고를 억압한다. 그래서야 의미 있는 전략이 나올 수 없다. 정부 정책도 다르지 않다. 정책적 사고(Policy Thought)와 정책계획(Policy Plan)을 구분해서 접근해야 한다.

3) 보스턴 컨설팅 그룹의 접근

보스턴 컨설팅 그룹(BCG)은 매킨지와 함께 3대 글로벌 전략 컨설팅 조직의 하나이다. 이들은 고객경험을 지향하는 디지털 트랜스포메이션 전략 구성부분을 제시[40]했다. 보스턴 컨설팅 그룹의 디지털 트랜스포메이션에 대한 정의보다는 전략블록을 유의해서 접근한 이유는 이들의 정의와 이해를 요약해서 이해할 수 있기 때문이다. 이들은 디지털 트랜스포메이션을 일종의 동사로 이해하고 전략적 틀과 전략 블록을 디지털 트랜스포메이션의 전체 모습으로 이해하는 것으로 보인다.

그런데 이들은 해당 글의 제목에 Digitization(디지털화)이라고 하고, 또 상단의 글의 주소에는 Digitalization(디지털화)이라고 하며, 〈그림 12〉에서는 디지털 트랜스포메이션이라는 명칭을 사용한다. Digitalization 등의 용어

39 Henry Mintzberg (1994). The Fall and Rise of Strategic Planning. Harvard Business Review.

40 BCG. Digitization Strategy Framework. accessed 2018.11.04 https://www.bcg.com/en-kr/capabilities/technology-digital/digitalization-strategy-framework.aspx

그림 12 디지털 트랜스포메이션의 전략 빌딩 블록(BCG)

디지털 고객경험			
디지털 및 데이터 지향 비즈니스 모델과 제품 및 서비스 디지털 기술에 의해 강화된 제품	데이터 지향 서비스	디지털 서비스	컴퓨터 소프트웨어 제품
핵심 비즈니스의 디지털화 영업, 채널, 마케팅	연구 개발	제조 및 공급망 관리	인적자원, 금융 및 지원
디지털 능력 기민한 조직, IT와 개발	시스템과 기술 플렛폼	분석과 데이터 통합	디지털 기술 협력사와의 생태계

디지털 트랜스포메이션 촉진제			
벤처기업 육성, 벤처 자본 및 프로토타이핑	시장에 신호가 되고 영향을 미치는 인수합병 움직임	디지털 기술에 의한 프로세스 재설계	디지털 프로그램과 변화관리

정의에 대해서는 합치된 의견이 없으므로 넘어간다 하더라도, 이들의 시각이 정교하지 않을 가능성이 있음을 알 수 있다. 그리고 이들의 접근에는 전략 트랜스포메이션이 없으며, 디지털 범용기술에 대한 이해와 접근 또한 없다. 따라서 그 시각이 협소하다는 비판이 있을 수 있다. 그리고 독자도 그러한 비판적 시각에서 이들의 시각 틀을 이해하고 접근하는 것이 필요하다.

보스턴 컨설팅 그룹이 빌딩 블록을 계층화해서 접근했다는 것은 주목해야 하며, 가장 하위의 전략블록이 디지털 능력인 것도 유의해야 한다. 상당한 구조성을 지니고 있다고 판단된다.

우리나라 대부분의 공공조직과 영리 기업은 IT 조직을 아웃소싱하는 경향이 크다. 특히 공공조직의 경우 IT 기획 조직을 제외하고 운영, 개발 등의 인력의 대부분을 아웃소싱 한다. 영리 기업 또한 '공유 서비스 센터(Shared Service Center)'의 개념으로 IT 인력의 다수를 아웃소싱한다. 그러한 상황에서 디지털 역량을 늘리기 위해서 각 기업은 어떤 전략과 조직원칙과 문화

전략을 세워야 할까? 정부이든 영리기업 혹은 비영리조직이든 근본적 고민과 조직 재설계가 필요하다.

4) 다양한 디지털 트랜스포메이션에 대한 정의

위에서 일부 조직의 디지털 트랜스포메이션의 정의와 이에 따른 전략 블록을 보았다. 이외의 다수의 조직에서 디지털 트랜스포메이션에 대한 정의를 내리고 있는데, 이를 정리하면 〈표 6〉과 같다. 아래 정의의 일부는 디지털 리테일링 그룹의 결과물을 일부 인용한 것[41]이다.

디지털 트랜스포메이션에 대한 정의는 대동소이한 것으로 보인다. 그런데 모든 정의는 진화발전한다. 그리고 그 개념적 정의에는 그들의 시각과 이해관계가 수반된다. 아울러 디지털 트랜스포메이션과 같이 미래지향적 용어에는 미래 시계(時界, Horizon)까지 포함한다.

각 시계에 따라 디지털 트랜스포메이션은 진화발전한다. 그리고 이의 기반 기술인 디지털 범용기술도 진화발전하게 된다. 이들을 맥락적으로 연계하고 이해해야만 정부, 기업 및 비영리 조직은 생존가능하고 타당한 전략과 정책을 수립할 수 있다. 각 조직의 개념을 분해하고, 그 미래시점을 연계하여 분석하면 〈표 7〉[42]을 얻을 수 있다. 여기서 시계 1은 지금부터 앞으로 5년까지, 시계 2는 6년에서 15년까지, 시계 3은 16년에서 30년까지이다. 시계의 설정은 트렌드의 라이프사이클과 연계되는 것이므로, 상대적인 기준이 될 수 있으나, 넓게 본다면 1세대 30년을 하나의 큰 사이클로 보고 접근할

---

41 디지털 리테일 컨설팅 그룹. 왜 지금 디지털트랜스포메이션(Digital Transformation)인가?. accessed 2018.11.04 http://digitalretail.co.kr/왜-지금-디지털트랜스포메이션(Digital Transformation)인가?

42 Kee-Young Yoon (2018). "Digital Transformation and Foresight". Journal Of Futures Studies Blog. 윤기영 (2018). 디지털 범용기술의 출현과 디지털 트랜스포메이션의 전개. 미래연구 3권 2호.

표 6	다양한 조직의 디지털 트랜스포메이션에 대한 정의
구분	**내용**
A.T. Kearney	모바일, 클라우드, 빅데이터, 인공지능 및 사물통신 등 디지털 신기술에 의해 촉발되는 경영 환경상의 변화에 적응하고 선제적으로 대응하여, 비즈니스 경쟁력을 근본적으로 제고하거나, 신규 비즈니스 모델을 만들어 새로운 성장 동력을 확보하기 위한 활동
Bain & Company	디지털 기업이 속한 산업을 디지털 기반으로 재정의하고 게임의 법칙을 근본적으로 뒤집음으로써 변화를 야기
Capgemini & MIT Sloan Management	사용자 경험, 기업 프로세스 및 비즈니스 모델에 대한 디지털 트랜스포메이션을 통해, 기업의 성과를 급격하게 향상
IBM	기업이 디지털 세계와 물리적인 현실 세계를 통합함으로써, 기존 비즈니스 모델을 변혁시키고, 산업에 새로운 방향을 구축하는 전략
IDC	디지털 비즈니스 변혁이란 기업이 비즈니스에서의 새로운 성장과 운영방식을 창출하기 위해, 비즈니스 모델, 조직구조와 운영 프로세스의 혁신을 가능하게 하는 디지털 기술을 활용하는 것을 의미 디지털 트랜스포메이션이란 디지털 역량을 활용함으로써 고객 및 시장(외부 생태계)의 파괴적인 변화에 적응하거나 이를 추진하는 지속적 프로세스
Shahyan Kahn	디지털라이제이션의 완성으로 기업뿐만 아니라 사회의 근본적 변혁이 야기
Chuck Martin	디지털 역량의 최종 단계에서 혁신과 창의성 을 가능하게 하는 발전된 단계[디지털 능력(digital competence) → 디지털 사용(digital usage) → 디지털 트랜스포메이션(digital transformation)]의 디지털 사용으로 전문직 또는 지식 분야에서의 상당한 변화를 촉진
Microsoft	고객 지향의 새로운 가치를 창출하기 위해, 지능형 시스템 등의 디지털 기술을 이용하여 기존의 비즈니스 모델을 새롭게 변화시키고, 사람과 데이터, 프로세스를 결합하는 새로운 방안의 수용
PwC	기업경영에서 디지털 소비자와 사업 생태계가 기대하는 것을 비즈니스 모델과 운영에 적용시키는 일련의 과정
WEF	디지털 기술 및 성과를 향상시킬 수 있는 비즈니스 모델을 활용하여 조직을 변화시키는 것

| 표 7 | 디지털 트랜스포메이션과 3개 시계(3개 時界, Three Horizons) |

조직/학자		디지털 트랜스포메이션의 대상				
		시계 1			시계 2	시계 3
		사용자 경험	절차	비즈니스 모델	조직구조와 문화	사회, 경제 및 정치 시스템의 변혁
조직	A.T. Kearney		○	○		
	Bain & Company		○	○		
	MIT & Capgemini	○	○	○		
	IBM			○		
	IDC		○	○	○	
	Microsoft	○	○	○		
	PwC		○	○		
	WEF			○	○	
학자	Ahmed Bounfour[1]		○	○		○
	Chuck Martin[2]		○	○		○
	David Rogers[3]	○	○	○		
	Shahyan Khan[4]		○	○		○
	Scott Anthony[5]		○	○	○	

1) Ahmed Bounfour(2015). 「Digital Futures, Digital Transformation: From Lean Production to Acceluction」. Springer.
2) Chuck Martin (2018). 「Digital Transformation 3.0: The New Business-to-Consumer Connections of The Internet of Things」. Create Space Independent Publishing Platform.
3) David Rogers (2016). 「The Digital Transformation Playbook: Rethink Your Business for the Digital Age」. Columbia University Press.
4) Shahyan Khan (2017). Leadership in the Digital Age - a study on the effects of digitalization on top management leadership. Stockholm Business School, Master Thesis.
5) Scott D. Anthony(2015). Leading a Digital Transformation? Learn to Code. Harvard Business Review.

필요가 있어서, 일단 여기서는 〈표 7〉과 같이 접근했다.

저자의 분석과 접근에 대해서 충분히 반박과 비판의 여지가 있다. 30년을 하나의 사이클로 하는 것에 대해서도 반론의 여지가 있겠으나, 아무리 인정한다 하더라도 기업의 입장에서 시계 3은 너무 먼 미래에 대한 접근으로 공허할 수 있다는 것이다. 시계 3은 정부 단위에서는 당연히 의미가 있겠으나, 기업에게는 의미가 없을 수도 있다. 그런데 정부 차원에서도 시계 3의 시각으로 정책을 수립하는 것은 힘들다. 그것이 우리나라의 일반적 상황이다.

더구나 기업의 입장에서 보면 1년 이후도 알 수 없는 상황에서 6년 이후의 시계 2에 대한 전략을 수립하라는 것은 무모하다. 앞에서도 기술했으나, 우리나라의 경영환경에서 3년 후의 전략을 수립할 만한 유인요소가 마땅치 않은 것이 현실이다. 더구나 VUCA라는 변화의 가속도 시대에는 더욱 그럴 수 있다.

충분히 일리 있는 주장이다. 그런데 디지털 트랜스포메이션의 큰 방향에 대한 이해 없이, 그 흐름에 대한 전망 없이, 전략과 정책을 수립하고 진행하는 것은 눈을 감고 외나무다리를 건너는 것과 같다. 따라서 이에 대해 아래와 같이 영리 기업도 중장기 미래를 전망해야 하는 이유를 설명하겠다. 벤처에서 중견기업까지는 적어도 중기 미래를, 대기업은 장기 미래까지 내다보아야 한다. 특히 디지털 트랜스포메이션 전략의 경우에는 특히 그렇다. 약간의 중언부언이 있을 수 있겠으나, 중요한 것이기 때문에 읽어 주시기를 간곡하게 부탁한다.

첫째, 디지털 트랜스포메이션은 단기의 변화에 그치는 것이 아니다. 30년 이후의 변화까지 담고 있다. 디지털 범용기술은 현재의 비즈니스 수행방식뿐만 아니라, 미래의 정치, 경제 및 사회도 근본적 변화를 야기할 것으로 보인다. 디지털 트랜스포메이션에 대한 정의의 시계 다양성은 이를 보여주는 것이다. 이외에 앞에서도 언급한 것이나 다양한 이음동의어의 존재는 이 흐름이 현재 진행 중이며 생각보다 먼 미래까지 영향을 미칠 것임을 확인시켜준다. 이 변화를 특정한 시점에 대응할 것이 아니라, 면면부단하게 흐르는 변화로 봐야 한다. 전략과 정책은 이 변화의 흐름을 인식하고 수립되고 집행되며 다시 환류해야 한다.

둘째, 이미 많은 기업이 중장기 디지털 트랜스포메이션의 변화를 예측하고 접근하고 있다. 페이스 북의 주커버그와 SpaceX의 엘론 머스크는 위성 기반 무선통신 시스템을 구축[43]하려고 하고 있다. 위성기반 무선통신 시스템은 일차적으로 지상의 무선통신 시스템과 연계하여 서비스를 진행할 것이나, 차츰 지상의 무선통신 시스템을 대체할 가능성이 크다. 수십 킬로그램 정도의 마이크로 위성이나 혹은 수 킬로그램의 나노 위성이 지구를 둘러쌓고 위성기반 무선통신 시스템을 구축하는 것을 상상해 보자. 아프리카 등에 위치한 제3세계는 급속도로 세계화에 동참할 것이고, 경제는 급성장할 것이며, 여성의 교육수준은 올라갈 것이다. 이들 위성기반 무선통신시스템은 새로운 플랫폼으로 등장할 것으로 짐작하는 것은 어렵지 않다. 이때 우리나라 기업이 할 수 있는 일이 없지 않겠으나, 몇몇 글로벌 대기업이 먹다가 버린 뼈다귀에도 감사해야 하는 처지로 전락할 수 있다. 이들이 전망하고 계획하는 것이 시계 3의 장기 미래다. 시계 3이란 단순히 장기 미래를 의미하는 것이 아니라, 지금 심은 변화의 씨앗이 열매를 맺는 미래를 의미한다. 그리고 디지털 트랜스포메이션이 가지는 정치, 경제 및 사회의 변화에 대한 변화를 중장기로 늘려야 하는 이유가 여기 있다.

구글은 인공지능 전문가이며 미래학 실무가[44]인 레이 커즈와일을 고용하고 있고, CRM 전문 IT 기업인 세일즈포스닷컴은 미래학자인 피터 슈왈츠를

---

43 윤기영 (2017). 5세대 통신은 4차산업혁명의 기반일까. 한겨레. accessed 2018.11.04. http://plug.hani.co.kr/?mid=textyle&category=2910434&vid=futures&docume nt_srl=3077625 ; 6세대 통신망이 초래할 변혁은?. 한겨레. accessed 2018.11.04. http://plug.hani.co.kr/?mid=textyle&category=2910434&vid=futures&document_ srl=3077633

44 미래학자를 표현하는 영어 단어는 futurist와 futurologist 두 개가 있다. futurist는 학자 와 실무가로서의 미래학자를 모두 포괄하고 futurologist는 학자로서의 미래학자를 의 미한다. 유럽에서는 futurologist라는 말을 사용하기도 하나, futurist라는 단어 사용 빈 도가 전반적으로 높다. 우리나라에서는 futurist를 미래학자로 번역하는 바람에 실무가 로서의 futurist를 표현하기에 적당한 단어가 없다. 그러나 저자는 학자와 실무가의 구 분이 가급적 흐려져야 한다고 생각한다.

고용했다. 마이크로소프트는 2015년 일단의 SF 작가들에게 자신들이 개발
중인 소프트웨어를 기반으로 SF 작품[45]을 써달라고 의뢰했다. 로열더치쉘은
1960년대부터 지금까지 미래 시나리오 팀을 유지하고 있으며, 디즈니 사와
코카콜라도 미래전략을 담당하고 있는 부서를 유지하고 있다. 덴마크 오르
후스 대학(Aarhus Univ.)의 르네 로벡 교수[46]는 장기 연구를 통해 미래예측을
하는 기업이 수익성, 규모 등에 있어서 그렇지 않은 기업에 비해 압도적으
로 우월하다는 것을 경험적으로 밝혔다.

우리나라의 경우 미래전략실을 보유한 기업이 적지 않기는 하다. 2018년
11월 현재 해체되었기는 하나 삼성에 미래전략실이 있었다. 이외에 롯데 등
의 많은 기업이 미래전략실을 보유하고 있다. 그럼에도 중장기 미래전략을
체계적으로 고민하고 대응하는 기업을 찾기 어렵다. 다만 롯데그룹이 미래
전략연구소를 2018년 법인으로 독립시켰고, 내부 임직원이 미래전략에 보
다 관심을 가지고 있음을 확인하기는 했으나, 좀 더 시간을 두고 지켜봐야
할 것으로 판단한다.

셋째, VUCA의 시대, 변화의 가속도가 증가하는 시대에 대응하기 위해
서는, 눈의 초점을 좀 더 먼 곳에 두어야 한다. 가까운 곳에 눈을 두면 눈만
어지럽다. KTX를 타고 창 밖의 가까운 거리의 사물을 보면 빠른 속도로 인
해 초점조차도 맞추기 어렵다. 그럴 때는 먼 곳에 눈의 초점을 두어야 제대
로 사물을 볼 수 있다. 빠른 변화의 시대에, 그리고 변화의 속도가 가속화되
는 현재, 적응 전략은 오히려 위험한 전략이 될 수 있다. 적응을 하기 위해서
는 변화를 인식하고, 실행계획을 수립하고, 실행하고, 환류(feedback)하는 시

45 David Brin & Nancy Kress & Ann Leckie, et al. (2015). 「Future Visions: Original
Science Fiction Inspired by Microsoft」. Melcher Media Inc.
46 René Rohrbeck (2018). Corporate Foresight and its Impact on Firm Performance: A
Longitudinal Analysis. Technological Forecasting and Social Change, Vol. 129, Iss. 4,
pp. 105-116.

간이 필요하다. 손발은 바쁘지만 성과는 미미할 수밖에 없다. 더구나 변화가 가속화되면 손발은 한계에 도달하고 어느새 적응지체 현상이 벌어지는 것은 당연하다. 신속 추격전략의 대표적인 성공사례였던 우리나라가 이제는 느린 추격도 간신히 하고 있다는 것을 주목해야 한다. 3D 프린팅 분야 등에서 한국은 제대로 적응하지 못하고 있는 실정이다. 샤오미의 레이쥔 회장은 '돼지도 태풍의 길목에 서면 날 수 있다'고 했다. 미래 변화의 길목에 서면 기업이 도약할 수 있다는 의미다. 이는 굳이 기업에 국한할 필요가 없다. 레이쥔의 돼지 발언에 대해 알리바바의 마윈은 '돼지는 날거나, 죽거나'라고 했다고 하는데, 이는 앤소니의 전략 트랜스포메이션을 생각나게 한다.

디지털 트랜스포메이션은 단기, 중기 및 장기 전망과 최소한 단기 전략과 중기 전략을 모두 진행해야 한다. 앞으로 디지털 트랜스포메이션에 대한 정의는 시간의 흐름에 따라 진화할 것이고, 이음동의어는 지속적으로 등장하게 될 것이다. 피터 드러커가 지식사회를 이야기하면 머리를 끄덕이고, 2007년 금융위기에 '뉴노멀'이 등장하면 그에 흔들리며, 2010년대 초에 비즈니스 트랜스포메이션이 나오면 그에 동조하고, 2011년 스마트 팩토리가 나오면 그를 따르고, 2016년 4차산업혁명이 나오면 이에 열광하고, 2017년 디지털 트랜스포메이션이 각광받으면, 이를 의심하면서 점검할 것인가? 그 맥을 관통하고 그 흐름을 직시하는 것이 필요하다. 아마 내년에는 또 다른 용어가 등장하여 눈을 흐릴 것이다. 개에게 돌을 던지면 돌에게 달려든다. 사자에게 돌을 던지면 던진 사람에게 달려든다. 돌조각이 아니라 큰 흐름을 보고 접근해야 한다. 디지털 트랜스포메이션이라는 용어가 아니라 그 거죽 안의 속살과 뼈를 보아야 한다. 이를 위해서는 디지털 트랜스포메이션을 지향하는 미래전략과 그 핵심동인의 의미를 이해하는 것이 필요하다. 다음 장에서 이에 대해 간략한 접근을 하도록 하겠다.

II

디지털
트랜스포메이션 미래전략

Business Modeling for
Digital Transformation

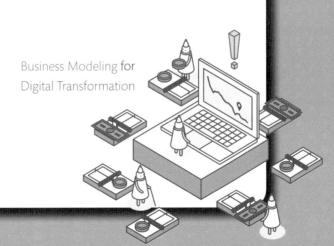

1 디지털 미래전략

가 미래전략?

미래전략이란 합리적으로 미래를 예측하고, 이를 기반으로 전략과 정책을 수립하고 실행하는 것을 의미한다. 그런데 미래전략에서의 미래는 불확실성을 내포한 미래다. 여기서 불확실성이란 정보의 부재뿐만 아니라, 미래의 가능성도 내포한다. 정책과 전략의 주체 유형과 규모 등에 따라 다르겠으나, 미래의 가능성을 단순히 역동성으로 파악할 수도 있고 가능성으로 접근할 수도 있다. 혹은 그 가능성을 수동적으로 인식할 수도 있고, 능동적으로 접근할 수도 있다. 레이쥔의 '태풍의 길목'은 수동적으로 미래 변화의 길목에 대한 이야기이며, 엘론 머스크의 SpaceX는 적극적으로 변화의 씨앗을 심는 것에 해당한다. 북한 개방에 대한 미국과 미국 국적의 글로벌 기업의 접근은 미래씨앗에 대한 주도적 접근이며, 한국의 대응은 한반도의 주인 중

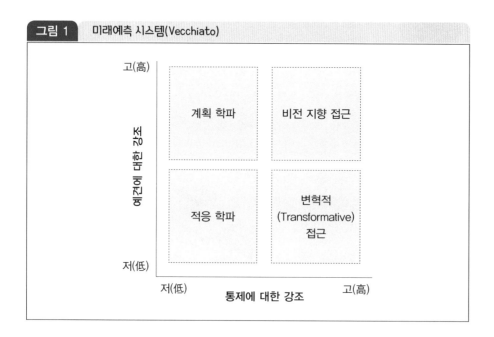

그림 1   미래예측 시스템(Vecchiato)

고(高)

예견에 대한 강조

계획 학파   비전 지향 접근

적응 학파   변혁적 (Transformative) 접근

저(低)

저(低)   통제에 대한 강조   고(高)

하나이면서도 미래의 역동성을 관찰하는 손님으로 전락할 수 있다.

중장기 미래전략에 대해서는 회의적 입장이 있을 수 있다. 과거 계획학파(Planning School)의 실패 때문이다. 미래를 수정구 보듯이 명확하게 예견할 수 있다는 용감한 주장이 한때 매력적으로 들린 때가 있었다. 이는 불가능하다는 것이 밝혀졌고, 대신 변화에 신속하게 적응하는 것이 최선이라는 적응학파(Adaptive School)가 그 빈자리를 대신했다. 킹스턴 대학의 경영학과 교수 베키에이토(Vecchiato)는 미래전략과 관련된 학파를 예견에 대한 강조와 통제에 대한 강조를 두 축으로 하여 다음과 같이 분류[1]했다. 여기서 '강조'라는 단어를 쓰고, '힘'이나 '능력'이라는 단어를 쓰지 않은 이유는, 실제 예견이나 통제가 가능한지의 여부는 알 수 없으며 해당 조직에서 이를 강조했다는 것을 명시하기 위함이다. 미래를 예견하거나 통제하는 것은 사실상 불가능한 경우가 대부분이다.

여기서 예견(Predict)이란 특정한 시일에 특정한 일이 발생할 것을 예언하는 것을 의미한다. 최근 예견적 분석(Predictive Analytics)이 강조되는데, 이는 예견에 대한 시장의 강박적 수요가 존재한다는 의미이다. 예견적 분석은 다양한 통계적 분석 도구와 예측적 모델링 및 빅데이터 기반의 기계학습 등에 의한다. 그런데 이들 도구는 통계적 접근으로 일종의 통계적 예보(Forecast)이며 엄밀한 의미의 예견(Predict)은 아니다. 이는 데이터 분석과 관련하여 상당한 비즈니스적 마케팅을 위한 잡음이 존재한다는 의미다.

참고로 한때 상당한 화두가 되었던 구글의 독감 예측은 미래를 예측한 것이 아니라, 현상 발생과 인지 간의 시간 지체를 줄인 것에 불과하다는 점을 강조해야 하겠다. 2008년 구글은 독감 트렌드 서비스를 제공했는데, 미국의 질병관리방제센터(CDC)보다 몇 주 앞서서 독감을 예측했다. 지역별,

---

1 Riccardo Vecchiato (2012). Environmental uncertainty, foresight and strategic decision making: An integrated study. Technological Forecasting & Social Change 79. pp. 436–447.

독감 관련어를 구글에서 검색하는 추세를 보고 독감이 전파되는 경로를 파악할 수 있었던 것이다. 이후에 구글은 '독감 트렌드'를 접고 '구글 트렌드'로 서비스를 통합했다. '독감 트렌드'는 빅데이터의 활용 가능성에 긍정적 신호를 주었다. 다만 아쉬운 것은 '독감 트렌드' 자체가 미래 예측 도구로 소개되는 경우가 있다는 것이다. 이는 매우 과장된 것임을 밝힌다. 구글 사용자가 독감 관련어를 검색하는 것은 독감에 걸렸거나 혹은 그와 유사한 증상을 보이고 있다는 실시간에 가까운 데이터를 용이하게 수집할 수 있는 가능성을 보여준 것이지, 예측을 한 것이 아니다. 2016년 미국 대통령 선거에서 데이터 분석을 통해 트럼프 당선을 예측했다고 하는 주장도 비판의 여지가 있다. 실제 투표율에서는 힐러리 클린턴이 286만 표를 더 얻었다. 그리고 빅데이터를 통해 예측한 것이 아니라, 현상 발생과 인식 간의 시간 지체를 줄였다고 이야기하는 것이 보다 정확한 표현이다.

예견 시스템이든 혹은 예보 시스템이든 충분히 유효하면 되지 않는가? 이에 대한 답을 하기 위해서는 통계 기반의 추세외삽법적 예보의 유효기간을 점검하는 것이 필요하다. 로마 클럽의 '성장의 한계' 보고서는 인구수, 에너지 소비, 기후 온난화에 대한 추세외삽법적 예보를 시스템 다이나믹스[2] 기법을 통하여 수행했다. 1970년대 초의 예보는 2000년까지 30년간 비교적 정확했다. 인구 구조 등의 메가트렌드는 비교적 정확한 것으로 보인다. 메가트렌드에 대한 예보는 비교적 신뢰할 여지가 있다. 그러나 이에 반해 트렌드 예보는 6개월에서 1년 이상을 지속하기 어렵다. 트렌드 예보가 6개월 혹

---

2 시스템 다이나믹스 기법은 다양한 변수들이 상호 영향을 미치고 환류하는 시스템적 동역학을 잘 모델링할 수 있는 기법이다. 다만 시스템 다이나믹스가 잘 작동하기 위해서는 닫힌 시스템이어야 한다. 외부 변수를 모두 파악할 수 없고, 이들 변수가 어떻게 변할지를 알 수 없는 환경에서는 시스템 다이나믹스는 적합하지 않다. 이에 대한 대응으로 시스템적 사고 기법을 사용하는 것이 일반적이다. 다만 시스템적 사고로는 예견 내지 예보는 불가능하며, 해당 시스템이 어떻게 작동하는지를 이해하는 데만 도움을 주며, 그것으로 충분할 수 있다. 그리고 정치, 경제 및 사회 시스템은 상호 연계되는 열린 시스템이다.

은 1년인 이유는 해당 조직의 대응에 필요한 기간 때문이며, 그 예보의 정확성 때문이 아니다. VUCA의 시대에 적응 전략에 큰 한계가 존재한다. 메가트렌드도 실상은 그 방향이 어디로 급선회할지 예측할 수 없다는 문제가 존재한다. 2007년 금융위기를 누구도 예측하지 못했다. 일부 미리 예측했다고 주장하는 사람이나 조직은 있다. 그러나 예측했다고 주장하는 사람들이 사전에 금융위기를 막거나 혹은 금융위기를 이용하여 이득을 얻었다는 증거가 없다.

계획학파가 그들이 사라질 것이라는 것을 계획하지 못했다면, 적응학파는 적시에 적응하지 못해 실패할 가능성이 높다. 그렇다면 우리에게 새로운 접근이 필요한데 그것은 비전 지향적 접근과 변혁적 접근이 대안이 될 가능성이 크다.

비전 지향적 접근은 선호 미래상을 수립하고, 이를 잘 통제하고 추진할 수 있다는 접근이다. 비전 수립 및 이를 위한 조직 문화 수립과 전략이 이에 해당한다. 그런데 비전 학파의 접근은 미래에 대해 비교적 명료한 예견을 강조한다는 것이 베키에이토의 주장이다. 중국의 글로벌 에너지 그리드 망 계획인 GEI 프로젝트가 이에 해당한다. 사하라 사막과 고비 사막에 대단위 태양광 발전소를 건설하고 이를 중국이나 인도에 송출한다는 대규모 프로젝트이다. 나노 물질 기술이 아직 정착되지 않았으나, 벌써부터 우주 엘리베이터를 2050년도에 착수하겠다는 주장도 이와 유사하다. 실패하면 무모한 것이고, 성공하면 용감한 전략인 것이다. 지나치게 장기의 비전을 이야기했으나, 중기 미래전략도 가능하다. 반도체 칩 하나에 모든 컴퓨터 부품이 들어가는 기술 발전을 기대하고 사물통신과 산업용 사물통신 비즈니스를 전망할 수 있다. Medical 3D 프린팅의 발전을 기대하고, 모델링 소프트웨어와 MRI 등의 정보를 3D 모델링으로 전환하는 비즈니스 모델에 전략적으로 몰입할 수 있다.

미래에 대한 예견을 강조하지 않고, 미래에 대한 통제력을 강조하는 접근이 변혁적 접근이다. 미래에 대한 예견은 어렵거나 예견한다 하더라도 불확실성이 높을 것이라고 보면서, 미래의 변화에 대해 통제가 어느 정도 가능하다고 보는 전략적 접근이 이에 해당한다. 미래의 불확실성을 그대로 수용하고, 불확실성의 패턴에 따라 미래전략을 수립하는 것이다.

미래전략을 수립하거나 미래예측을 하는 이유는 다양하다. 이를 살펴보기 전에 우선 미래예측의 의미를 이해하는 것이 필요하다. 미래가 불확실하다면 미래예측은 그 불확실성을 포용해야 하기 때문이다.

나. 미래예측에 대한 이해

영어 Predict, Forecast 및 Foresight은 '미래예측'이라는 말로 번역될 수 있다. 그런데 Predict, Forecast 및 Foresight의 의미와 뉘앙스는 상당히 다르다. 특히 미래학에서는 이를 명확하게 구분한다. 미래는 불확실성을 그 본질적 속성으로 하고, 불확실성에는 미래의 가능성을 내포하고 있다. 가능성의 시공간인 미래를 대상으로 각 단어의 개념정의는 아래와 같다.

- Predict: 특정한 시점에 특정한 일이 일어나는 것을 언급하거나 기술하는 것을 의미한다. 우리말로는 '예견'으로 번역한다.

- Forecast: 현재 추세가 미래에도 지속되는 것을 가정한다. '예보'로 번역한다.

- Foresight: '일반적인 경우보다 장기의 미래에 관한 정보 등을 증진하거나, 보다 넓은 사회적 네트워크를 유도함으로써 의사결정과정에 정보를 제공하는 방법'이라고 정의하기도 하며, '복잡한 미래에 대한 구조화된 토론' 혹은 '가능한 대안 미래를 만들기 위한 사회적 과정'으로 규정하기도 한다. 즉 Foresight는 하나의 과정으로 이해한다. 미래를 만들어 가는 과정으로 보기 때문이다. 전략과 정책은 미래를 대상으로 하고, 미래 변화를 의도하므로,

Foresight의 측면이 강조되어야 한다.

유럽공동체의 JVC에서는 Foresight를 다음과 같이 정의한다.

> Foresight는 예언(Prophecy)이나 특정 시점에 일정한 일이 발생할 것이라는 예견(Predict)도 아니다. Foresight는 이미 결정된 미래를 밝혀내는 것이 아니라, 미래를 구축하도록 우리 인류를 돕는 것을 목적으로 한다. Foresight는 미래를 이미 결정된 그 무엇이 아니라 우리가 창조하고 형성할 수 있는 것으로 우리가 생각할 수 있도록 독려하는 것이다. …(중략)… Foresight란 비결정적이며, 참여적이고 통합적 접근이다. Foresight는 '미래에 대한 생각', '미래에 대한 토론' 및 '미래의 형성'을 꼭짓점으로 하는 삼각형으로 형상화할 수 있다.

미래학 내지 미래예측은 서구의 이성에 대한 신뢰와 과학에 대한 신뢰가 광범위하게 설득력을 얻었던 19세기 말에 출현했다. 과학적 발전에 대한 낭만적 신뢰가 미래학과 미래예측의 필요성과 그 필요성에 대한 광범위한 공감대를 가져왔다. 그런데 미래예측 활동이 서양에만 있었던 것은 아니다. 인류의 뇌는 예측 시스템이다. 따라서 우리 동양에도 미래예측의 전통이 있다.

미래란 단어의 어원은 불교에서 온 것이고, 범용적으로 쓰게 된 것은 비교적 최근이다. 미래예측과 유사한 동양의 단어는 원려(遠慮)이다. 원려란 멀리 생각한다는 의미이다. 예측이 미래를 정확하게 측정하겠다는 의미로 정량적 접근의 뉘앙스가 있으나, 원려는 foresight의 의미에 가깝다. 한영, 중영 및 일영 사전에서 원려는 foresight로 해석된다.

원려의 어원은 논어 위령곡 편에 '人無遠慮, 必有近憂(인무원려, 필유근우)'에 있다. '사람이 멀리 내다보지 않으면 반드시 가까운 데서 근심거리가 생긴다'로 해석된다. 안중근 장군은 여순 감옥에서 '人無遠慮難成大業(인무원려난성대업)'을 유묵으로 남겼다. '사람이 멀리 내다보지 않으면, 큰일을 이루기 어렵다'는 의미다. 논어보다 더 호방하다. 조선왕조실록에서는 원려심

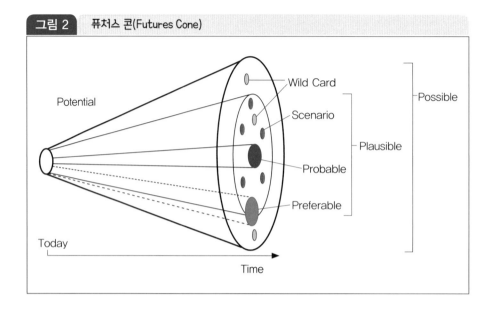

| 그림 2 | 퓨처스 콘(Futures Cone) |

모(遠慮深謀), 심모원려(深謀遠慮) 혹은 심사원려(深思遠慮)로 자주 쓰였다. 심모가 Planning 혹은 Strategy를 뜻하므로, 원려심모와 심모원려는 Strategic Foresight, 즉 미래전략을 의미[3]한다.

미래예측의 의미가 풍부한 이유는 미래의 불확실성 때문인데 이를 도식적으로 잘 표현한 것이 퓨처스 콘(Futures Cone)[4]이다. 다수의 미래학자가 자기 나름의 퓨처스 콘을 가지고 있는데,[5] 가장 대중적인 것인 호주 스윈번 대학의 미래학 교수인 보로스(Voros)의 그것이다. 〈그림 2〉는 보로스의 퓨처스 콘을 응용하여 제시한 것으로, 보다 미래의 불확실성과 미래 시나리오의 의

---

3 윤기영 · 서용석 · 배일한 (2016). 동양삼국의 전통적 미래예측 원려(遠慮). 미래학회 학술대회 제1회.

4 우리말로 번역하면 '미래 깔때기'인데 깔때기라는 단어가 가지는 뉘앙스가 부정적이라서 영어 발음 그대로 옮겼음을 양해 해주셨으면 한다.

5 Kee-Young Yoon & Il-Han Bae & Yong-Suk Seo (2017). Reading Futurist By Futures Cone And Suggesting Two Futures Cones Conveying Dynamics, KAFS & APFN Joint Conference.

미를 보다 명료하게 설명[6]해서 빌려왔다.

퓨처스 콘은 현재는 불확실성의 폭이 좁고 미래로 갈수록 불확실성의 폭이 넓어지는 형태로 되어 있다. 미래의 시점이 길어질수록 미래 불확실성이 커지는 것을 도식적으로 표현한 것이다. 미래의 불확실성 속에 돌발변수(Wild Cards)와 미래시나리오가 흩어져 있다. 미래 시나리오란 무한하며, 개별적 미래 시나리오는 무수한 미래 시나리오의 하나일 가능성이 크다. 미래에는 개연 미래(Probable Futures), 설명가능한 미래(Plausibe Futures), 가능 미래(Possilbe Futures), 선호 미래(Preferable Futures), 잠재 미래(Potential Futures)가 있다.

- **개연 미래(Probable Futures)**: 개연 미래란 과거와 현재 사이의 추세가 지속되는 경우 달성되는 미래다. 일반적으로 가장 그럴 듯한 미래로 보이나, 추세의 장기 지속성과 미래의 안정성이라는 불가능한 전제에 기반을 둔다. 현재의 추세를 읽는 것이 미래 관련 프로젝트의 전부라고 생각하는 사람도 있으나, 이는 미래에 대한 시각을 지나치게 좁히는 것으로 매우 위험한 생각이다. 추세외삽법(extrapolation)에 의한 미래 전망(Forecasting)의 대상이 된다. 미래학자인 웬델 벨(Wendell Bell)은 현재의 추세가 지속되는 '개연 미래가 현실화되는 경우는 우연에 불과하다'고 강조한다. 이는 대다수의 미래학자의 공통된 의견이다. 일정한 경우에 개연 미래를 전망하는 것이 타당할 수도 있는데, 현재 정책이나 전략의 지속이 정책과 전략을 실패한다는 것을 증명하려고 할 때만 의미가 있다고 한다.

- **설명가능한 미래(Plausible Futures)**: 미래를 전망하는 사람의 현행 지식에 따를 경우 일어날 수도 있는 미래를 의미한다. 설명가능한 미래는 현재의 물

---

6 Richard Parsons & Aleta Lederwasch & Kieren Moffat (2013). Clermont Preferred Future: Stakeholder Reflections on a Community Foresight and Planning Initiative. Resources.

리학 지식, 인간의 심리, 역사적 경험칙 등에 뿌리를 둔다. 이 영역에서 다양한 미래를 전망하는 것이 가능하다. 일반적으로 미래 시나리오는 이 설명가능한 미래 영역에 위치한다. 돌발변수 xEvent 혹은 블랙스완 등은 단순하게 예측하기 어려운 것으로 설명가능한 미래 바깥의 가능 미래에 위치한다.

• **가능 미래(Possible Futures)**: 논리적으로 일어날 수도 있는 미래를 의미한다. 한국어로 '가능은 해'라고 할 때의 그 가능을 의미한다. 가능 미래의 좋은 사례는 스타트랙의 '워프 드라이브'에 해당한다. 이는 가까운 시일 내에 구현이 어려우나, 현재 수준의 물리학 수준으로 불가능한 경우도 해당된다. 현재 워프 드라이브는 이론 물리학자의 연구분야에 속한다.

• **선호 미래(Preferable Futures)**: 실현되기를 희망하는 미래다. 앞의 3개 미래가 가치 중립적이고 인지적인 것이라면, 선호 미래는 감정적이고 가치 지향적이다. 조직에서 비전을 세울 때의 비전이 이에 해당한다. 따라서 비전을 수립하기 위해서는 상당히 체계적인 미래예측을 필요로 한다.

• **잠재 미래(Potential Futures)**: 우리가 상상할 수 없는 미래를 의미한다. SF 소설 작가인 아서 클라크(Arthur Clarke)가 '상상의 실패'로 불렀고, 미래학의 대부인 짐 데이터 교수는 잠재 미래에 대한 적극적인 태도를 유도하기 위해 '터무니 없음(ridiculous)'을 요구했다.

이들 다양한 미래를 전망하는 것이 미래예측이다. 즉, 미래의 불확실성을 적극적으로 포용하는 것이 미래예측이다. 그런데 조직의 최고의사결정권자는 불확실성을 극단적으로 혐오한다. 최고의사결정권자뿐만 아니라 그 위계의 높낮이와 상관없이 조직의 관리자는 불확실성을 극단적으로 싫어한다. 이는 관리의 안정성에 치명적이기 때문이다. 그들에게 불확실성은 위험과 동의어로 간주된다. 불확실성에는 정보의 부재가 포함되기 때문이다.

그런데 이 불확실성을 완전히 제거하는 것이 가능한가? 인간의 인지적 한계도 존재하지만, 미래가 가능성의 시공간 즉, 아직 결정되지 않았다는 것에 착안하면 불확실성은 위험이 아니라 기회의 공간이기도 하다. 즉, 의사결정권자는 불확실성을 적극적으로 환영하는 것이 필요하다. 고(故) 프랭크 나이트(Frank Knight) 교수는 불확실성이 이익의 원천이라 주장[7]하였고, 폴 슈메이커(Paul Shoemaker)는 '불확실성은 적이 아니며, 거대한 기회가 존재하는 장소이다'[8]라고 했다. 매킨지의 휴즈 코트니(Hugh Courtney)는 불확실성의 유형에 따른 대응전략을 제시[9]하기도 했다.

변화의 가속도로 인해 미래의 불확실성의 증가 또한 가속도가 붙어버린 현재, 미래의 불확실성을 직시하지 않으면, 디지털 트랜스포메이션 시대에 제대로 적응하고 대응하는 것조차 불가능하다. 조직의 리더십에 디지털 역량과 미래역량이 필요한 이유다.

다 디지털 트랜스포메이션에서의 미래전략의 목적

불확실성을 특징으로 하는 미래를 예측하고 미래전략을 수립하는 이유는 크게 다음과 같다.

- **미래전략 및 정책수립:** 전략적 사고(Strategic Thought)와 정책적 사고(Policy Thought)를 위해서는 단기, 중기 및 장기의 미래예측을 수행해야 한다. 모든 것은 전체적이고 통합적인 인과관계가 연계되어 전개된다. 여기서 전략적 사고와 정책적 사고란 전략 계획과 정책 계획이 수립되기 전의 창의적이고 직관적 사고를 의미한다. 유럽연합의 정책실험실은 미래예측 기법을 원용하고 있으며, 유럽의 경영학에서도 미래전략 방법을 채용하는 사례가 점

---

7 Frank H. Knight (1921). 「Risk, Uncertainty, and Profit」. Boston, MA: Hart, Schaffner & Marx; Houghton Mifflin Co.
8 Paul Schoemaker and Robert E. Gunther (2002). 「Profiting from Uncertainty: Strategies for Succeeding No Matter What the Future Brings」. Atria Books.
9 Hugh Courtney (2001). 「20/20 Foresight: Crafting Strategy in an Uncertain World」. Harvard Business Review Press.

증하고 있다.

- **미래위험 관리:** 돌발변수(Wild Card) 등의 미래 위험을 인지하고 적극적으로 그 대안을 수립하는 것은 전략과 정책에서 기본이 되었다. 사람은 심리적으로 위험을 회피하는 경향이 존재하는데, 미래예측과 전략은 리스크 회피에 대한 정서적 반응을 긍정적으로 전환하고, 체계적으로 대응할 수 있도록 한다. 참고로 기존의 위험관리는 과거 데이터와 사례에 의존하는 경향이 있어 효율적이기는 하나, 의외의 사건에 대해서는 속수무책으로 전락할 가능성이 아주 크다.

- **계획된 선행 학습:** 다양한 대안 미래를 제시함으로써, 조직원 혹은 경영진의 계획된 선행학습을 가능하게 한다. 오일쇼크 당시 정교한 예견으로 상당한 경제적 이득을 얻었던 로열더치쉘 사의 '미래 시나리오 팀'은 오일쇼크 이후에는 미래를 정확하게 맞추지 못했다고 한다. 그러나 쉘 사는 미래예측을 통해 경영진의 선행된 학습으로 회복탄력성(Resilience)을 확보할 수 있었다.

- **사회적 합의 과정:** 미래예측은 사회적 합의 과정으로 큰 의미를 지닌다. 남아프리카 공화국의 몽플레 프로젝트는 故 만델라 대통령의 '용서와 화해'를 이끌었다. 조직 내외의 갈등조정과 합의를 위해 사회적 합의로서의 미래예측과 전략은 큰 의미가 있다.

- **미래창의성 촉발:** 미래예측은 발산적 사고를 유도하는 방법론을 통해 미래 창의성을 촉발한다. 공상과학은 미래학 체계의 한 부분이며, 공상과학을 통해 도출된 창의성이 현실에 구현된 경우는 매우 흔하다. 최근 디자인씽킹 등의 창의성 방법론과 미래예측 기법이 접목되는 조류가 일어나고 있다.

디지털 트랜스포메이션은 현재부터 장기 미래까지 끊임없이 진화하고 발전할 것이다. 따라서 디지털 전략은 중장기 미래예측과 이에 따른 미래전략이 필요하다. 그리고 미래는 고정된 것이 아니라 동적이다. 이를 위한 시

표 1	미래전략 목적과 디지털 트랜스포메이션
미래전략 목적	**디지털 트랜스포메이션에서의 필요성**
미래전략/미래정책	• 모든 전략과 정책은 기본적으로 미래지향적이다. • 특히 디지털 트랜스포메이션과 같이 미래 시기에 따라 진화를 하는 대상이므로, 체계적인 미래예측이 필요하다. • 이때 미래전략과 정책은 미래불확실성을 포용할 수 있어야 한다.
미래위험관리	• 디지털 범용기술은 다양한 위험을 야기할 수 있다. • 예를 들어, 유전자 가위 기술인 크리스퍼(CRISPR)는 바이오 테러 기술로 이용될 가능성이 매우 높으며, 빅데이터와 양자 컴퓨팅 기술은 개인정보보호를 무력화 시킬 가능성이 존재한다. • 디지털 범용기술로 말미암을 위험 등을 개방적으로 검토하고 기존 전략에 그 대응 방안을 포함할 수 있도록 해야 한다.
계획된 선행학습	• 디지털 트랜스포메이션은 예측할 수 없는 방향으로 전개 가능하다. • 특히 디지털 범용기술은 기존 산업사회에서 예견할 수 없었던 다양한 방향으로 정치, 경제 및 사회를 전환하게 할 가능성이 높다. • VUCA로 상징되는 변화의 가속도는 전혀 예측할 수 없는 방향으로 변화를 야기할 가능성이 존재한다. • 조직의 회복탄력성을 확보하기 위해 계획된 선행학습을 주기적 혹은 특정 사건 예측 시 진행이 필요하다.
사회적 합의	• 디지털 트랜스포메이션이 안정적으로 진행되기 위해서는 다양한 조직 간의 협업이 필요하다. • 일반적으로는 공공정책 수립 시 이해충돌자간 협의를 위해 미래예측 및 사회적 합의를 진행하는 방법이 필요하다. • 디지털 트랜스포메이션은 교육 정책에 상당한 변혁을 요구하는데, 교육 분야에는 다양한 이해당사자의 이해관계가 충돌할 수 있다. • 이들의 이해충돌을 최소화하고 사회적 합의를 이루기 위해, 각 이해당사자의 주장에 따른 미래 예측과 미래의 실패를 전망하게 함으로써, 사회적 합의를 유도해야 한다.
미래창의성 촉발	• 디지털 트랜스포메이션은 복수의 범용기술의 융합으로 창의성의 기반이 될 것으로 판단된다. • 사물통신은 모든 사물에 컴퓨터를 장착하여 자동화하는 것으로, 다양한 실생활의 창의성이 촉진될 것이다. • 3D 프린팅은 창의성을 실세계에 구축하기 위한 도구가 될 것이다. • 기존의 경험에 구속된 상상력의 고삐를 풀기 위한 미래예측은 미래창의성 촉매제가 될 것으로 판단된다.

각 틀이 3개 시계(時界)이다. 영어로는 Three Horizons라고 하는데 수평선 너머의 미래를 상상한다면 이 세 개의 수평선이 함의하는 것을 이해할 수 있다. 저자는 Horizon을 시계로 번역했다. 시간의 경계라는 의미다. 다음 절에서 그 의미와 전략적 접근을 살펴보겠다.

라 3개 시계(Three Horizons)와 미래전략

미래를 준비하는 내용과 실익은 미래의 불확실성의 크기에 따라 달려 있다. 인구구조 변화, 기후변화와 같이 그 흐름과 방향이 비교적 명확한 추세에 대한 미래준비와 미래가 어떻게 변할지 알 수 없는 미래에 대한 미래준비의 내용과 실익이 다르다. 단기 미래에 대한 준비내용과 장기 미래에 대한 준비 내용이 같을 수 없다. 그렇다고 단순하게 미래를 시간을 기준으로 나누는 것도 의미가 없다. 트렌드의 흐름으로 미래를 구분하는 것이 동적 미래를 보다 명료하게 파악하는 것이기도 하고, 디지털 트랜스포메이션 전략에 적합하기도 하다.

트렌드 곡선을 기준으로 현재 트렌드가 가장 정점에 머무르는 시기를 시계 1 혹은 호라이즌 1이라 한다. 현재의 창발적 트렌드(Emergent Trend)가 정점에 도달하게 되는 시기를 시계 2 혹은 호라이즌 2라고 한다. 현재의 약한 신호(Weak Signal)가 트렌드의 정점에 도달하는 미래시기를 시계 3 혹은 호라이즌 3라고 한다.[10] 이는 단기, 중기 및 장기 미래에 대응하는데, 일률적인 고정된 시간대가 아니라 트렌드에 의해서 미래 시점을 정하는 것이다. 〈그림 3〉은 시계의 구성과 연계되는 전략[11]을 도식적으로 표현한 것이다.

---

10 Bill Sharpe (2013). 「Three Horizons: The Patterning of Hope」. Triarchy Press.
11 윤기영 · 이상지 · 배일한 등 (2016). 「KAIST 미래연구관리방법론 프레임워크 v1.1」. KAIST 미래전략연구센터.

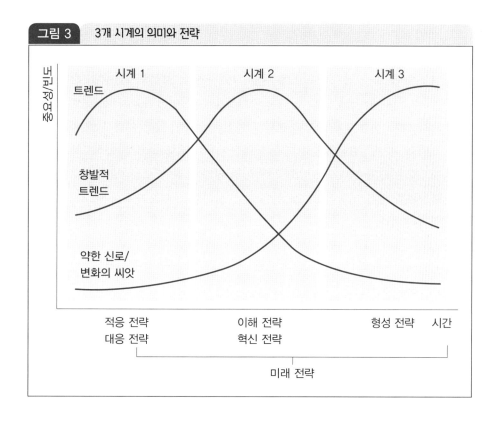

그림 3   3개 시계의 의미와 전략

중요성/빈도

시계 1   시계 2   시계 3

트렌드

창발적
트렌드

약한 신로/
변화의 씨앗

적응 전략   이해 전략   형성 전략   시간
대응 전략   혁신 전략

미래 전략

- **시계 1:** 트렌드가 정점에 머물러 있는 기간이다. 예측해야 하는 것은 그 추세가 쇠퇴하고 새로운 추세가 등장할 때까지이다. 추세가 결정된 미래에 대해서 우리는 어떻게 대응하고 적응할 것인가에 대한 정책과 전략적 고민을 해야한다. 인구증가와 기대여명의 증가, 기후변화, 기계학습과 지능형 로봇으로인한 전통적 일자리의 소멸 등은 그 속도와 원인에 대해서는 논쟁이 있을 수있으나, 그 방향성은 명확하다. 4차산업혁명에 대한 대응, 인공지능의 발달에대한 대응과 적응이 이에 해당한다.

- **시계 2:** 현재의 창발적 트렌드(Emergent Trend)가 정점에 머무르는 미래시기로 중기 미래에 해당한다. 창발적 트렌드가 중간에 죽음의 계곡을 건너지못하고 사라질지 혹은 얼마나 빠른 시간 내에 도래할지는 명확하지 않다. 메가트렌드의 경우에는 어느 정도 명료하게 예측하는 것이 가능하다. 기술 발전에 대해서도 비교적 명료하게 예측하는 것이 가능한 것처럼 보이나, 대안 기

술의 출현, 기존 기술의 발전 정도에 따라 그렇게 명료한 것은 아니다. 시계 2에 속한 창발적 트렌드는 상당한 불확실성이 있다. 그렇다고 그 불확실성이 매우 높은 것은 아니기 때문에 영리 기업의 혁신전략에 적합하다. 기업 미래예측(Corporate Foresight) 분야의 미래학자 다수는 시계 2를 혁신전략의 대상으로 한다. 현재의 창발적 트렌드가 혁신의 씨앗이 될 것이라 보기 때문이다. 그리고 디지털 범용기술로 미래 불확실성이 고도로 높고, 지속적으로 높아질 것으로 예견되는 현재, 기업뿐만 아니라 국가 단위에서도 창발적 트렌드의 진행상황을 상시 모니터링하고 이에 따른 정책과 전략을 수립하는 것이 필요하며 당연하다.

• **시계 3:** 현재의 약한 신호가 트렌드의 정점에 도달하는 미래시기를 의미한다. 약한 신호는 말 그대로 그 신호가 너무 미약해서 어느 방향으로 진화할지 알 수 없다. 예를 들어 세계경제포럼의 클라우스 슈밥이 제4차산업혁명을 이야기했는데, 이로 인한 정치, 경제 및 사회가 어떻게 변혁할지에 대해서는 언급이 없다. 높은 정도의 불확실성이 존재하기 때문이다. 시계 3의 고도의 불확실성은 미래의 상황이 정해졌는데, 이에 대해 알지 못함을 의미하지 않는다. 고도의 불확실성이란 고도의 가능성을 포함한다. 따라서 시계 3은 정해진 미래에 대응하기 위한 미래의 시공간이 아니라. 바람직한 미래를 만들기 위해 변화의 씨앗을 심고, 그 씨앗이 커서 열매를 맺는 시공간을 의미한다.

3개 시계 혹은 Three Horizons는 새로운 개념은 아니다. 추세의 변화 패턴에 대한 것을 실증적으로 그리고 다양한 분야에서 최초로 연구한 고(故) 그레이엄 몰리토(Graham Molitor)의 성과를 이어받은 것이다. 몰리토 교수는 트렌드가 처음 등장해서 어떻게 진화하고 전개되는지에 대해 다양한 연구를 진행했다. 다양한 분야에서 수행하고 있는 트렌드 분석, 약한 신호 분석 등은 몰리토의 이론에 기반을 둔 것이다. 또한 기술 미래예측 기관인 가트너(Gartner)의 하이프사이클(Hype Cycle)도 몰리토 교수의 변화 분석 이론을 근거로 한 것으로 판단한다. 3개의 시계도 몰리토의 S-Curve를 잘라서 재배치한 것이다.

이러한 변화의 패턴은 다양한 분야에서 확대적용되고 있는데, 그 대표적인 사례가 전략 컨설팅 업체의 하나인 매킨지(Mckinsey)이다. 매킨지는 3개 시계에 7대 2대 1의 투자원칙을 제시했다. 현재의 트렌드와 창발적 트렌드에 각각 70%, 20%를 투자하고 나머지 10%를 새로운 미래를 위해 투자하라는 것이다. 이 비율의 타당성에 대해서는 논란이 있는데, 로저스 교수는 그의 책「Digital Transformation Play Book」에서 기존 투자의 원칙인 8:2를 2:8로 전환해야 한다고 주장한다. 즉, 8:2의 법칙이란 현재 기술 개선에 8, 파괴적 기술 혁신에 2를 투자했던 것을 역으로 바꾸어야 한다는 것이다. 그 근거는 디지털 기술의 발달로 혁신 비용과 실패 비용이 줄었고, 이로 인해 혁신이 일상화되었기 때문이라는 것이 그의 주장이다. 디지털 트랜스포메이션의 근본적 함의는 이 혁신 비용의 절감과 혁신의 일상화, 범상화에 있다고 저자는 판단한다.

〈그림 3〉에서 시계 1에 대응하는 전략을 대응전략/적응전략, 시계 2에는 혁신전략/이행전략, 시계 3에는 형성전략을 배치했다. 베키에이토의 미래예측 시스템 도표를 기준으로 볼 때, 대응전략/적응전략은 적응 학파에 해당하고, 형성전략은 비전 지향 접근에 해당한다. 혁신전략은 변혁적 접근에 해당한다. 이행전략은 선호미래의 달성과 현재 전략 중간의 이행전략을 수립할 수 있으므로, 이행전략이 위치할 수 있다. 이를 기준으로 분석하면 베키에이토의 체계는 미래의 동적 전략 구조에 포섭될 수 있다는 것을 알 수 있다.

앤소니의 3개 트랜스포메이션 유형도 3개 시계에 대응하는 전략과 연계된다. 운영 트랜스포메이션은 적응/대응전략, 운영 모델 트랜스포메이션은 혁신전략, 전략 트랜스포메이션은 형성전략과 그 의미가 통한다. 다만 이때 3개 시계는 트렌드의 흐름에 의한 것으로 기계적으로 미래의 단중장기로 나누어서는 안 된다.

디지털 트랜스포메이션과 전략 간의 연계를 보다 면밀하게 살펴보기 위해서는 각 범용기술에 대한 이해를 깊이 진행하는 것이 필요하다. 다만 구체적 전략에 들어가기 위해서는 기술 발전에 대한 예측을 위해 특허 분석 등의 면밀한 분석이 필요하다. 이 책에서는 거시적인 흐름 중 일부에 대해서만 간략하게 언급하는 수준에 그치겠다.

② 디지털 범용기술에 대한 이해

가. 디지털 범용기술 추출

(1) 매킨지 파괴적 기술 보고서(2013)

매킨지의 내부 연구 조직인 MGI는 2013년 2025년을 대상으로 파괴적 신기술에 대한 보고서를 발표했다. 1차로 수백 개의 후보 기술을 선정하고, 2025년 경제적으로 가장 큰 영향력이 있는 기술을 델파이 기법에 의해 선정했다.

- **모바일 인터넷:** 지속적으로 가격이 저렴해지고 성능이 향상되는 모바일 컴퓨팅 장치 및 인터넷 연결로 스마트 모바일 장치 및 무선 통신망을 의미한다.

- **지식노동의 자동화:** 비구조화된 명령과 세밀한 판단과 관련된 지식 노동작업을 수행할 수 있는 지능형 소프트웨어 시스템으로, 인공지능 및 기계학습 등을 의미한다.

- **사물통신:** 데이터 수집, 모니터링, 의사 결정 및 프로세스 최적화를 위한 저비용 센서 및 액추에이터 네트워크이다. 액추에이터는 출력 장치의 일종으로 화면 혹은 모터 등에 해당한다.

- **클라우드 기술:** 네트워크 또는 인터넷을 통해 제공되는 컴퓨터 하드웨어 및

소프트웨어 리소스를 서비스로 제공하는 것을 의미한다. 이는 기업을 포함한 조직인의 모든 컴퓨터 하드웨어 및 소프트웨어 시스템을 보유할 필요가 없음을 의미한다.

• **진보된 로봇:** 혹은 인간의 육체적 힘 등을 증강하기 위해 사용된 진보된 로봇으로 향상된 감각, 손재주 및 지능을 보유했다. 스마트 로봇이라고도 한다. 기존의 로봇은 고정된 규칙에 따라 움직이며 제한된 센서를 보유하고 있어, 인간과 협업하는 것이 불가능했다. 최근의 스마트 로봇은 현장에서 사람의 행동을 학습하고 바로 작업에 들어갈 수 있다.

• **자동 혹은 준자동 이동체:** 사람의 개입이 없거나 최소화할 수 있는 이동체를 의미한다. 자동차, 배, 잠수함 및 항공기 드론 등을 포함한다.

• **차세대 유전체학:** 신속하고 저렴한 유전자 시퀀싱, 진보된 빅데이터 분석 및 합성 생물학 등을 말한다.

• **에너지 저장기술:** 나중에 사용하기 위해 배터리를 포함하여 에너지를 저장하는 장치 또는 시스템을 의미한다.

• **3D 프린팅:** 디지털 모델을 기반으로 소재 층을 인쇄하여 사출물을 만드는 적층 제조 기술이다.

• **진보된 물질:** 우수한 특성(예: 강도, 무게, 전도도) 또는 기능성을 갖도록 고안된 재료이다.

• **진보된 오일 및 가스 탐색 및 회복:** 비전통적인 오일 및 가스를 경제적으로 추출하는 탐사 및 회수 기술이다.

• **신재생 에너지:** 환경에 해로운 영향을 덜 끼치는 재생 에너지 원에서 전력을 생산하는 기술을 의미한다.

(2) OECD(2016)

OECD 과학기술혁신이사회는 2016년 미래 연구 정책 수립에 도움이 되기 위한 메가트렌드와 기술트렌드 보고서를 작성했다. 동 이사회는 생명기술, 진보된 물질 기술, 에너지 환경기술 및 디지털 기술에서 총 10개의 유망기술을 선정했다. 10개의 유망기술을 선정하기 위해 다수의 후보 기술을 검토했다. 10대 기술은 다음과 같다.

- **신경망기술**: 두뇌 및 뇌의 의식, 사고 및 고차원 활동에 대한 이해를 돕기 위한 기술

- **합성생물학**: DNA 코드를 직접 작성하여 인공생물체를 만드는 기술

- **나노물질 기술**: 탄소를 기반으로 원하는 물리적 특성을 지닌 신물질을 만드는 기술

- **적층제조**: 3D 프린팅 기술

- **진보된 에너지 저장기술**: 배터리 기술을 의미한다.

- **바이오 연료**: 유기물질에서 에너지 연료로 전환하는 기술

- **소형 위성 기술**: 무게가 수십 킬로그램에서 수 킬로그램의 위성을 만드는 기술

- **인공지능**: 기계학습, 비지도기계학습, 강화학습 등의 인공지능 기술

- **사물통신**: 다양한 사물에 센서와 액추에이터 및 인터넷 연결을 함으로써 사물의 컴퓨팅과 인터넷 연결을 기술적으로 경제적으로 가능하게 하는 기술

- **빅데이터 기술:** 크기 매체 다양성이 있는 데이터를 신속하게 처리할 수 있는 기술

- **블록체인:** 분산 암호화된 데이터베이스 기술로 비중앙집중식 의사결정을 하며 그 내용의 신뢰성을 보장 받는 기술

(3) PwC(2016)

4대 컨설팅 펌의 하나인 PwC는 2016년 150개 이상의 기술을 검토하여 가장 유망한 8대 기술을 선정했다. 이들 기술은 미래세계를 재구조화할 것이라는 것이 PwC의 진단이다. 매킨지의 12대 기술과 OECD의 11대 기술과 비교했을 때 다음 세 가지 기술을 추가로 제시했다.

- **드론(Drones):** PwC는 무인비행체 중의 하나인 멀티 콥터를 의미한다. 배터리에 전기모터로 작동하는 드론은 그 구조의 단순성으로 인해 경제성과 다양한 활용성을 가진다.

- **증강현실(Augmented Reality):** 현실의 시각 정보 위에 추가 정보를 더한 것을 증강현실이라고 한다. 혹은 가상현실 기술과 증강현실 기술이 통합된 것을 혼합현실 기술이라고도 한다.

- **가상현실(Virtual Reality):** 두 눈에 3차원의 가상세계 정보를 제공하는 것을 의미한다. 원격 근무, 원격 교육, 관광, 영화 등 다양한 쓰임새를 가진다.

(4) KISTI(2017)

한국과학기술정보원(KISTI)은 2017년 4차산업혁명 10대 유망기술을 선정했다. 이들 10대 기술은 매킨지의 2013년 파괴적 기술의 부분집합에 해당한다. 다만 KISTI는 각 분야에서 관련한 구체적 기술을 제시하고 있다는 점에 특색이 있다.

표 2	KISTI 4차산업혁명 10대 유망기술	
순번	분야	미래유망 기술명
1	인공지능	• 웹기반 빅데이터 수집. 분석 패키지
2	사물인터넷	• 스마트 의류
3	무인운송수단	• 지능형 자동차 레이더센서
4	3D프린팅	• 3D 수리모델링 소프트웨어
5	바이오프린팅	• 바이오잉크
6		• 바이오프린팅으로 제작된 인공장기와 조직
7	첨단로봇공학	• 착용형 보조로봇
8		• 고령자 돌보미 로봇
9	유전학	• 휴먼 마이크로바이옴 분석
10		• 개인 유전자 분석 서비스

이외에 가트너 등의 미래예측 기관과 기술예측 보고서 등을 분석하여 디지털 범용기술을 도출했다. 디지털 범용기술은 앞에서 제시했으므로 굳이 여기서 다시 제시하지 않겠다.

나 디지털 범용기술과 3개 시계

우리나라 국가 차원의 시계와 이에 따른 미래 트렌드 〈표 3〉[12]을 아래에 제시했다. 미래 트렌드가 거시적인 것이기 때문에 3개 시계와 미래 트렌드에 대한 이해가 비교적 쉬울 것으로 판단한다. 미래전략 혹은 디지털 전략의 상세화를 위해서는 각 트렌드에 대한 3개 시계 분석이 필요함은 당연하다.

이를 3D 프린팅 기술과 3개 시계 및 3개 시계에 따른 디지털전략을 접목하면 다음과 같다. 아래 제시한 디지털 전략의 일부는 이미 검증된 전략 혹

---

12 송영조 · 송재일 · 손현주 · 박성원 · 윤기영 · 박제성 (2017). 미래준비진단을 위한 사례 및 지표 연구. 한국정보화진흥원.

표 3	시계에 따른 거시 미래 이슈 트렌드	
구분	미래 트렌드	비고
시계 1	• 인더스트리 4.0 • 디지털 트랜스포메이션 • 양극화의 심화 • 기후 변화 지속적 심화 • 저출산, 고령화 • 기술 실업 • 플랫폼 경제의 심화 • 긱 경제 • 세계차원의 도시화 심화 • 교육 시스템 붕괴 본격화 등	현재 대중언론에서 주로 화두가 되는 것을 기준으로 도출
시계 2	• 남북한 공동번영의 정착과 갈등 노정 • 가상/증강현실 기술 성숙 • 농업 2.0 • 위성기반 무선통신 본격화 • 여성의 사회적 참여 강화 • 가족제도의 변환 • 교육 시스템의 변혁 • 역노와 기술 인간 대상 임상실험 등	창발적 트렌드이나 그 시기와 진행방향에서 어느 정도의 불확실성이 존재
시계 3	• 차세대 인공지능 • 포스트 휴먼 • 포스트 캐피털리즘 • 지식사회의 완숙 • 핵융합 발전 • 우주 경쟁 격화 등	20년 이상의 먼 미래에 실현될 것으로 그 구체적 내용과 방향성은 불확실

은 비즈니스 모델이다. 3D 프린팅의 성숙도는 생각보다 낮은 편이다. 다만 일부 영역에서는 충분히 경제성을 가지고 있다. 특히 소프트웨어 및 빅데이터와 3D 프린팅을 결합하는 것을 고려해야 한다. 특히 3D 프린팅은 모든 산업분야에 융합될 수 있는 가능성을 보유하고 있어, 비즈니스 모델 수립에서 전향적 접근을 하는 것이 필요하다. 〈표 4〉는 디지털 트랜스포메이션 전략의 이해를 위한 예시이다.

표 4	시계에 따른 3D 프린팅 이슈와 전략	
구분	미래 트렌드	기업차원의 전략 예시
시계 1	• 의료, 자동차, 항공기 분야 3D 프린팅 지속 발전 • 3D 프린팅 시장 지속 확대 • 3D 프린팅 재료 지속 개발 • 메디컬 3D 프린팅 • 3D 프린팅 IT 역량 강화 • 3D 프린팅 쓰임새 확장	• 3D 프린팅과 디지털 전략 연계 비즈니스 모델 개발 • 3D 프린팅의 프로토타이핑 확장 • 사물통신과 3D 프린팅 연계 등
시계 2	• 생성 디자인 소프트웨어의 혁신 • 바이오 3D 프린팅 • 블록체인을 이용한 3D 모델링 • VR/AR + 3D 프린팅 • 복합재료 프린팅	• 최종 제품의 의미 변화에 따른 비즈니스 모델 개발 • 3D 모델 저작권 보호 • 가상현실과 3D 제품의 연결과 고객가치 제안 변혁 등
시계 3	• 4D 프린팅 • 분자 프린팅 • 멀티 모달 공장의 확대(Street Factory)	

블록체인과 시계 3을 분석[13]하면 다음과 같다. 현재 블록체인은 수행성, 유연성, 확장성 등에서 상당한 문제가 있는 것으로 판단된다. 이 때문에 경제성이 있는 쓰임새가 나오고 있지 않는 것이 현실이다. 다만 많은 연구자와 개발자들이 연구를 진행하고 있어, 어디서 창발현상이 잉태될지 예측하는 것이 사실상 불가능하다. 블록체인 기술이 그렇게 고난이도의 기술은 아니며, 기존 기술을 잘 엮어서 만들었다는 점을 기억한다면 그 창발현상에 대해 예측하는 것이 사실상 불가능함을 충분히 이해할 수 있을 것이다.

블록체인과 관련해서 다수의 기업이 혁신전략과 형성전략을 가지고 접근하는 중이다. 그러나 상기한 소프트웨어 품질이 어떻게 진화되고, 어떤 기술 기반으로 진화할지 알 수 없으므로, 다수의 혁신전략과 형성전략이 실패

---

13 윤기영 (2018). 플랫폼 경제와 블록체인. 미래학회 2018년 춘계학술대회.

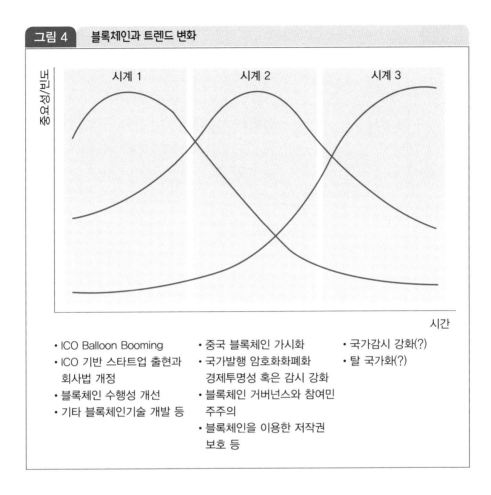

그림 4 블록체인과 트렌드 변화

중요성/빈도

시계 1   시계 2   시계 3

시간

- ICO Balloon Booming
- ICO 기반 스타트업 출현과 회사법 개정
- 블록체인 수행성 개선
- 기타 블록체인기술 개발 등

- 중국 블록체인 가시화
- 국가발행 암호화화폐화 경제투명성 혹은 감시 강화
- 블록체인 거버넌스와 참여민 주주의
- 블록체인을 이용한 저작권 보호 등

- 국가감시 강화(?)
- 탈 국가화(?)

로 끝날 가능성이 없지 않다. 따라서 일종의 쏠림 현상으로, 블록체인 디지털 전략을 수립하는 것에는 상당한 부담이 있을 수 있다.

　디지털 범용기술의 발전에 대해서는 신중해야 한다. 기술 발전에 대해서 앞에서는 낙관하고 뒤에서는 작게 본다고 한다. 미래의 과학기술 발전에 대해서 지나치게 낙관하여, 빠르게 발전할 것으로 예견하며, 이미 개발이 끝나면 그 발전 정도에 대해서 실망한다는 것이다. 예를 들어 핵융합발전의 가능성에 대해서 40년 전부터 이미 이야기가 되고 있으나, 아직 요원한 것이 현실이다. MIT에서는 2029년 상용화될 것으로 예보하기도 했으나, 그 예측 시점에 대해서는 다양한 주장이 있어 비판적인 분석이 필요하다. 나노물질

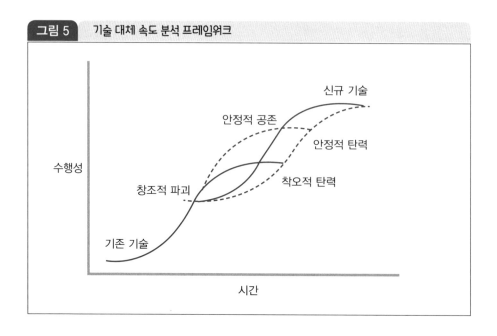

그림 5 기술 대체 속도 분석 프레임워크

기술, 초전도체 기술 등이 이에 해당한다. 양자 컴퓨터, 블록체인 기술도 유사할 수 있다. 역분화줄기세포 기술이 상당히 발전했으나, 암으로 돌연변이의 가능성도 낮지 않아, 실용화에 예상보다 더 많은 시간이 걸릴 수 있다. 디지털 트랜스포메이션 전략과 정책을 세우는 입장에서는 기술에 대해서 지나친 낙관과 지나친 비관을 지양해야 하는 것은 당연하다.

기존 기술을 범용 디지털 기술 대체하거나, 혹은 완전히 새로운 방식으로 전환하는 것을 전망하는 시각 틀로 기술 대체 속도 분석 프레임워크는 유효[14]하다. 기존 기술이 효율성을 제고하는 경우 신규 기술의 대체에는 보다 많은 시간이 걸릴 것이고, 이에 반해 신규 기술의 비용효율성이나 성능 개발이 늦어질 수도 있다. 혹은 기존 기술의 비용 효율성이나 성능은 좋아지고, 신규 기술이 늦어질 수도 있다. 디지털 범용기술 전략에 접근할 때, 3개 시계에 기존 기술과 대안 기술의 동적 변화에 대해서도 예측하는 것이 필요하다.

---

14 Ron Adner & Rahul Kapoor (2016). Right Tech, Wrong Time. Harvard Business Review.

다 ▶ 디지털 트랜스포메이션의 근본적 동인: 지식생산체계의 변화

지식의 라이프사이클은 디지털 범용기술의 발달로 인해 근본적으로 바뀌고 있는 중이다. 인간은 인공지능과 컴퓨터 진화 알고리즘 등과 협업하여 지식생산을 함으로써, 지식생산성을 획기적으로 향상시켰다. 디지털 트랜스포메이션으로 인해, 혁신은 일상화 및 일반화됨으로써, 지식생산과 혁신은 특정한 연구소가 아니라, 누구나 상시로 진행할 수 있는 것이 되었다. 자동 번역기로 지식은 언어의 장벽을 넘게 될 것이고, 장벽을 넘은 지식은 지식의 융합을 촉발하고 접근가능한 지식의 양을 획기적으로 증가시켰으며 앞으로 그 양은 더욱 증가할 것이다. 블록체인 기술은 향후 저작권 등을 용이하고 실질적으로 보호할 수 있는 기술적 기반을 제공할 수도 있다. 이는 콘텐츠와 지식생산에서 수입을 얻는 개인을 증가시킬 것으로 전망된다. 인공지능 검색엔진은 지식의 활용도를 제고하게 되었다. 지식의 절대량이 증가함에 따라 기존 지식을 활용하고 다룰 수 있는 지식의 중요성은 늘어나게 된다. 가상현실 기술 기반의 MOOC는 지식 전달을 위한 교육 체계를 일정 부분 바꿀 것이고, 인공지능 개인교사는 학습의 효율성을 상당히 향상시킬 것이다. 지식생산의 효율성 증가와 지식생산에 참여하는 지식 노동자의 증가는 지식생산량을 지수적으로 증가시킬 것이다. 이에 비례하여 지식반감기는 단축될 것으로 보인다. 저자는 이러한 변화를 과거와 구분하기 위해, 진부하지만 지식 2.0[15]으로 명명했다. 디지털 트랜스포메이션과 관련하여 지식 2.0의 용어가 중요한 것은 아니나, 20세기 말 지식사회의 도래를 주장했던 여러 학자의 예견과 현재 진행 상황에는 상당한 차이가 존재하는 것으로 보인다.

어떻든 이러한 변화가 디지털 트랜스포메이션의 실질적 동인에 해당한

---

[15] 윤기영 (2018). 지식사회의 약속은 여전히 유효한가?: 지식사회 2.0에 대한 전망, 미래연구 3권 1호.

표 5		지식사회 2.0에서의 지식의 라이프사이클의 변화	
구분		지식 1.0	지식 2.0
生	탄생	• 혁신은 위험하며 전략적 판단 필요 • 사람이 주도 • 대학 및 연구소 중심	• Post Intelligent Design: 지식생산속도의 가속화 • 혁신의 일상화와 일반화: 지식생산자의 확대
老	유통/ 전파/ 활용	• 인터넷에 의한 실시간 유통 • 기억에 의존한 부정확한 활용 • 도제관계 • 기능중심 교육 • 학교와 연구소 중심	• 인공지능 검색엔진 • 지적재산권보호: Blockchain • 가상현실 MOOC • 인공지능 개인교사 • 자동번역기
病死	지식 반감기	• 물리학 13.0년, 경제학 9.4년, 수학 9.2년, 심리학 7.2년, 역사학 7.1년, 종교학 8.8년 등	• 지식반감기의 지수적 단축

다는 것이 저자의 주장이다. 기존의 지식사회를 1.0이라고 하고, 디지털 범용기술에 의한 저망을 지식사회 2.0이라고 한다면, 지식의 생로병사는 다음과 같은 변화가 있을 것으로 전망된다.

인공지능에 의한 물질특허와 산업 디자인은 차츰 일반화될 것으로 보인다. 창의성이 인류 고유의 것이라는 주장은 인류의 일원으로서 같이 동의하고 주장하고 싶기는 하나, 진실은 아니다. 창의성의 핵심은 연계시능이며, 연계는 무작위에 의해서도 일어날 수 있기 때문이다. 예를 들어 돌연변이는 창의이며, 적자생존은 검증이다. 자연설계에서 이 무작위의 돌연변이를 동인으로 하는 창의에는 인간이 감당 불가능한 시간과 비용이 소요된다. 이에 반해 인간의 창의는 일정한 목적을 가지고 진행되는 것으로 인간이 감당 가능하나 상대적으로 완벽하지 못하다.

인공지능과 컴퓨터의 진화 알고리즘에 의해 돌연변이와 검증을 수행하는 경우, 창의성은 인간만의 창의성보다 비용은 적게 들고 그 품질은 더욱 좋을 수 있다. 예를 들어 2015년 현대제철은 인공지능을 이용하여 15억 번의 합금에 대한 컴퓨터 시뮬레이션 실험을 통해, 기존보다 40% 강한 합금 강판을 조합할 수 있었다. 단순하게 인간이 15억 번의 합금을 실험한다는 것은 불가능하고 무모하다. 의약품을 개발하기 위해 분자의 다양한 조합의 경우의 수를 사전에 분석하는 것은 연구개발의 생산성을 높일 수 있다.

제품설계에도 진화 알고리즘을 사용할 수 있다. 일정한 물리적 특성과 요건을 지정하면, 인공지능이 제품을 설계하는 것을 생성 설계(Generative Design)라고 한다. 생성 설계에 의한 경우, 최종 산출물은 가볍고, 튼튼하고 질기다. 다만 최종 산출물은 적층제조(Additive Manufacturing)에 의해서만 제조가 가능한 경우가 대부분이다.

새로운 지식을 생산하기 위한 혁신, 파괴적 혁신은 갈수록 일상화되고 일반화될 것으로 예견된다. 디지털 범용기술로 인해 실패비용이 상당히 줄어들었기 때문이다. 오픈소스 하드웨어(Open Source Hardware), 3D 프린팅, 오픈소스 소프트웨어(Open Source Software), 클라우드 컴퓨팅(Cloud Computing), 크라우드 펀딩(Crowd Funding) 등이 혁신비용과 실패비용을 극단적으로 줄어들게 할 것이다.

혁신의 비용과 시행착오로 인한 실패비용이 줄어들었다는 것은, 혁신의 일상화와 일반화가 가능해졌다는 의미가 된다. 일상화란 혁신이 비정기적으로 수행되고 전략적 판단에 의해 수행되는 것이 아니라, 전 조직이 상시로 진행해야 하는 것을 의미한다. 즉, 조직의 모든 구성원이 혁신을 담당해야 함을 의미한다. 또한 조직의 구성원이 지식노동자로 전환되어야 함도 의미한다.

인터넷은 지식의 유통에 근본적 변화를 가져왔다. 구글과 마이크로소프트의 학술적인 글에 대한 검색 서비스는 학문을 하는 방식을 바꾸었다. 과거에 종이 곰팡이 냄새를 맡으며, 오래된 논문을 검토할 필요가 사라졌다. 최근 검색엔진은 인공지능 기술이 접목됨으로써, 검색자의 의도에 적합한 결과를 보여주고 있다. 지식을 탐색하고 지식을 활용하는 것이 달라졌다. 지식의 개발은 보다 효율적이 되었고, 중복된 지식을 만들 필요는 없어졌다. 검색엔진으로 인해 우리의 키가 커진 것은 아니나, 거인의 어깨 위에 오른 저자보다 키가 상당히 큰 정상인을 찾을 수 있게 되었다. 저자는 거인의 어깨 위에 올라선 정상인의 어깨 위에 앉은 난쟁이가 될 수 있었다. 이를 통해서 저자는 빠른 시간 내에 보다 멀리 볼 수 있게 되었다. 이는 저자만이 겪는 일이 아니다. 모든 학자와 실무자가 경험한 것이기도 하다.

인공지능을 이용한 개인교사가 개발되고 있다. 시험문제 오류 유형을 분석하여, 학생의 취약한 부분을 진단하고, 취약한 분야를 집중 교육함으로써 교육효율성을 높일 수 있다. 가상현실과 인공지능을 활용한 역사교육도 연구되고 있다. 가상현실 세계에서 처칠과 히틀러를 만날 수 있다. 처칠의 성격과 목소리를 모방한 인공지능이 제2차 세계대전 당시의 역사적 배경을 설명할 수 있다.

하버드 대학은 MOOC 강의를 가상현실 세계에서 진행하려는 의욕적 시도를 하고 있다. 가상현실세계에서의 MOOC 강의가 일반화된다면 기존의 대학 시스템에는 파괴적 변화가 도래할 가능성이 높다. 전통적 교육기관인 초·중·고등학교와 대학교는 앞으로 단순하게 지식의 전달 기관으로 머무를 수 없게 되었다. 가상현실 MOOC 교육이 원격교육을 일반화시킬 것이고, 인공지능에 의한 지식의 전달이 보다 효율적이 되기 때문이다.

데이터 생산의 지수적 증가는 정보의 지수적 증가를 가져온다. 정보의 지수적 증가는 지식의 지수적 증가를 가져온다. 지식의 지수적 증가는 지식 반감기를 단축시킨다. 공학 분야의 지식반감기는 1930년대 35년이었으나, 1960년대에는 10년으로 단축되었다. 이러한 현상은 공학에만 국한되지 않는다. 거의 모든 학문 및 실무 영역에서 지식반감기가 단축되는 현상을 찾을 수 있다.

디지털 트랜스포메이션이 전개될수록 지식의 휘발성과 변동성은 높아지고 있다. 이는 지식에 대한 태도의 변화를 요구할 뿐만 아니라, 지식의 가치에도 큰 변화를 가져온다.

디지털 트랜스포메이션은 데이터, 정보 및 지식의 생산, 유통, 소비 및 소멸의 라이프사이클의 변혁으로 말미암은 것으로 보아야 한다. 특정 기술의 변화가 아니라, 그 변화의 줄기를 보아야 단기 미래든 중장기 미래든 체계적으로 그리고 제대로 대응할 수 있다.

디지털 트랜스포메션과 관련된 기술적 동인과 시각 및 변화를 통시적인 측면에서 보았다. 이에 대응하기 위한 다양한 전략 블록과 세트도 단절된 것이 아니라, 통시적 관점에서 보아야 하는 것도 확인했다. 디지털 범용 기술이 미래 시간에 따라 역동적으로 변화할 것임도 알게 되었다. 저자의 부족한 필력으로 디지털 트랜스포메이션에 대응하기 위해 필요한 지식을 정확하게 전달했을 것으로 믿지는 않는다. 다만 그런 흐름과 맥이 존재한다는 것에 대해서는 공감했을 것으로 안다. 그리고 그것만으로도 일단은 충분하다.

그렇다면 운영 트랜스포메이션, 운영 모델 트랜스포에이션에 대해서는 과감하게 한 발 내딛을 수 있을 것으로 안다. 디지털 트랜스포메이션을 하지 않은 기업은, 디지털 범용기술을 이용하여 더 싸고, 더 빠르고, 더 가볍고, 더 좋게 만드는 개선을 할 수 있을 것이다. 이는 비즈니스 프로세스와 상품 및 서비스 전반에 대한 접근이 필요하다. 그렇다고 인공지능 기술이나 블록체인 기술 등에 대해 지나치게 낙관하는 것은 금물이다. 만약 그런 운영 트랜스포메이션을 했다면, 운영 모델 트랜스포메이션에 진입해도 될 것으로 본다.

운영 트랜스포메이션이든 혹은 운영 모델 트랜스포메이션이든 이를 실패 비용을 최소화하며 추진하고 기획하기 위해서는 사전에 비즈니스 모델 프로토타이핑을 여러 차례 하는 것이 중요하다. 에디슨이 전구의 경제적 효율성을 높이기 위해 천 번의 실험을 한 것과 같은 태도로 진행해야 한다.

다음 장에서는 비즈니스 모델 캔버스를 소개하고, 이를 통해 디지털 트랜스포메이션 어떻게 해야 하는지를 차근차근 소개했다.

III

디지털
트랜스포메이션 시대의
비즈니스 모델링

Business Modeling for
Digital Transformation

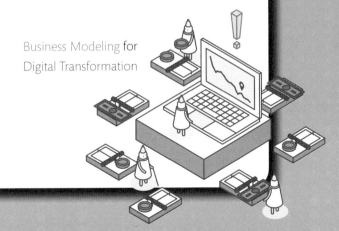

① 디지털 트랜스포메이션 추진 전략 및 방향에 대한 가이드

디지털 기술은 모든 곳에서 실시간으로 상호작용할 수 있는 기회를 제공하며 시간과 공간의 장벽을 허문다. 인간의 생활, 관계, 소비, 일하는 방식 등 삶의 전반을 재구성하면서 다양한 산업과 분야에서 극적인 변화를 주도한다. 기업의 비즈니스 환경과 경쟁 구도를 변화시켜 기존 성공률과 제약조건의 극명한 변화도 디지털 기술을 통해 일어난다. 디지털 준비도가 낮은 기존 기업들은 그들의 지속가능성을 위협받고 있고, 다른 한편에서는 디지털 기술이 가져오는 기회를 포착한 기업들이 새롭고 파괴적인 비즈니스 모델을 통해 성장을 구가하고 있기 때문이다.

어떻게 하면 디지털 시대에 그 기회를 포착하고 경쟁 우위를 유지할 수 있을까? 여전히 디지털 시대 이전의 관행에서 벗어나지 못하고 있는 기업들에게 디지털 트랜스포메이션은 기회보다는 위협으로 작용한다. 그래서 본 장에서는 기존 기업이 디지털 시대에 걸맞은 비즈니스 모델을 창출하여 지속가능성을 확보할 수 있도록 디지털 트랜스포메이션 추진 전략 및 방향에 대한 가이드를 제시하려고 한다. 실질적인 사례를 중심으로 디지털 트랜스포메이션 시대의 추진 방법론이 소개된다. 사례 연구에 앞서 사례 연구의 체계적인 분석을 위한 개념적 틀 및 비즈니스 모델 수립 방법론을 살펴보겠다.

지난 수년간 경영 전략 분야에서 디지털 트랜스포메이션에 대한 관심은 꾸준히 높아져 왔다. 기업이 디지털 시대에 성공적인 비즈니스 운영을 할 수 있도록 디지털화의 기회를 확인하고 디지털 전략을 수립할 수 있는 프레임워크(틀)를 개발하는 데 관심이 집중되어 왔다. 또한 성공적인 디지털화 사례로 Apple, Google, Amazon 등 디지털 비즈니스를 주 비즈니스 모델로 운영하는 기업들이 주로 소개되어 왔다. 그러나 정작 자동차 산업이나 유통업 등 물리적 요소를 핵심 기반으로 성장해온 전통 산업이 디지털 기술을 활용하여 비즈니스 기회를 포착하고 디지털 혁신 위협에 노출되는 것을 줄이는 방법에 대한 사례나 이해는 부족하다. 그래서 우리는 기존 기업들의 디지털 트랜스포메이션 전략 수립에 도움을 주고자 전통 산업 중 대표적인 디지털 트랜스포메이션 성공 사례를 발굴하여 상세한 그 과정을 소개하려고 한다.

사례 연구는 소비재 산업의 LEGO, 자동차 산업의 FORD, 유통 산업의 Target에 대해 기업의 역사, 디지털 시대로 진입하면서 직면한 문제, 그것을 해결하기 위해 진행한 디지털 트랜스포메이션 전략, 그에 따른 비즈니스 모델의 변화 분석 및 성과 등으로 구성하였다.

비즈니스 모델 분석 방법론

최근 디지털 트랜스포메이션 시대에 발맞추어 디지털 기술에 대한 깊이 있는 이해를 통해 혁신을 주도한 기업들이 시장을 선도하고 있다. 디지털 트랜스포메이션에 성공한 기업들은 어떻게 성공할 수 있었을까? 많은 선도 기업들은 일찍이 디지털 기술의 기회를 충분히 활용하여 디지털 시대가 가져온 성공률과 제약조건을 기반으로 비즈니스 활동, 프로세스, 역량, 비즈니스 모델을 깊이 있고 빠르게 변화시켜 왔다. 디지털 트랜스포메이션 시대에 어려움에 부닥쳐 있는 기업이나 새롭게 시작하려는 기업들에게 가장 중요한 것은 디지털의 힘이 비즈니스 전략의 핵심 영역을 어떻게 변화시키고 있는지, 그리고 그 변화를 어떻게 감지하고 어떻게 기업 전략에 적용할 것인지를 이해하고 그에 맞는 비즈니스 전략을 수립하는 것이다.

그림 1   Internet-based business model

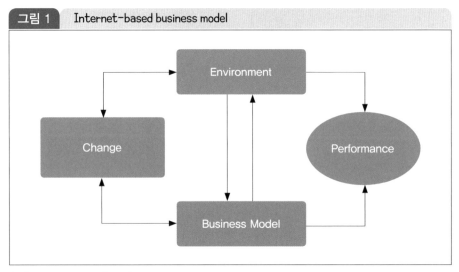

출처: Afuah & Tucci (2003).

이는 Afuah & Tucci(2003)가 제시한 Internet-based business model[1]을 통해 쉽게 설명할 수 있다. Afuah & Tucci는 기업의 성과에 영향을 미치는 결정요인으로 비즈니스가 운영되는 환경(environment), 변화(change), 비즈니스 모델(business model)을 들고 있다. 여기서 말하는 비즈니스 성과란 이윤, 현금흐름, 부가가치 등 긍정적인 재무수치를 의미한다. 이 모델은 기업이 디지털 트랜스포메이션 시대에서 생존하기 위해서 비즈니스 성과 유지가 필요하고, 성과 유지는 기업을 둘러싸고 있는 환경 변화 감지 후 변화된 환경에 맞는 비즈니스 모델 수립를 통해 가능하다는 것을 설명하고 있다.

그래서 본 절에서는 Afuah & Tucci(2003) 모델에서 기업의 성과와 직결되는 환경 및 변화 감지와 비즈니스 모델 방법론을 소개하고자 한다.

---

1   Afuah, Tucci (2003). Internet Business Models & Strategies Text & Cases.

가 환경 및 변화 감지 방법론

Afuah & Tucci(2003)에 설명된 성과에 영향을 미치는 요인들을 자세히 살펴보자. 먼저 비즈니스 모델은 기업이 고객에게 경쟁자 대비 우월한 가치를 어떤 자원을 어떻게 사용해서 만들고 전달하는지, 그리고 이 과정에서 어떻게 수익을 발생시키는지에 대한 방법론을 의미한다. 또한 비즈니스 모델은 기업이 수익을 발생시키고, 장기적으로 지속시킬 수 있는지에 대한 설명이기도 하다. 구체적으로 비즈니스 모델은 고객에게 제공하는 가치, 대상으로 하는 고객군, 제품과 서비스의 범위, 수익원, 이윤을 내는 방식, 제품/서비스에 대한 가격, 가치창출을 위한 활동과 역량, 우위를 지속시키기 위해 수행해야 하는 활동, 다양한 요소 간의 연계 등으로 구성된다. 따라서 기업은 이를 현실화시키기 위한 방법으로 지속가능한 경쟁우위를 가지려고 노력한다. 비즈니스 모델은 한 번 수립한 후 환경과 변화에 대응해서 계속 변경시켜야 한다.

환경은 '거시적 환경'과 '경쟁'으로 구분된다. 거시적 환경은 지역, 국가, 세계적 규제 및 정부와의 관계, 자연환경의 변화에 기인한 요인들 등 다양한 환경을 포함한다. 경쟁자, 고객, 공급자 등은 경쟁에 영향을 미치는 요인들이다. 기업의 비즈니스 활동은 진공상태나 무중력과 같은 가상 공간에서 수행되는 것이 아니라, 경쟁 환경에서 수행된다. 대부분의 경우 기업은 이윤만을 추구하는 경쟁자, 자사와 동등한 가치를 제공할 수 있는 역량 있는 경쟁자, 자사의 모델을 모방하려는 경쟁자 등 다양한 특징과 전략을 지닌 경쟁자들을 만나게 된다. 뿐만 아니라 비즈니스 활동 영위를 위해 필요한 재료 등 공급자, 비즈니스 활동의 대상자인 고객들과의 관계도 형성된다. 공급자가 장악력을 가지게 되면 기업의 자체 비용 정책이나 일정에 대한 계획이 흔들릴 수 있고, 고객의 선호나 피드백은 기업이 제공하는 가치, 비용 등에 큰 영향을 미치게 된다. 거시적 환경과 경쟁으로 설명되는 환경은 수익, 가치창출정도, 핵심성과목표 등을 나타내는 비즈니스 성과에 큰 영향을 미친다.

변화는 주로 비즈니스 모델이나 환경에 양방향으로 영향을 미친다. 변화는 공급자, 고객, 경쟁자 등 다양한 주체나 환경으로부터 기인할 수 있고 때때로 기업 자체에서 발생할 수도 있다. 예를 들어, 말레이시아의 모바일 사용률은 2017년 3분기 131.8%에 달하고, 이 중 70%가 스마트폰 사용자인데, 이러한 변화는 말레이시아 국가가 보유하고 있는 Digital Economy에 대한 비전(국가 정책, 거시적 환경), Facebook, Whatsapp, Grab[2] 등 모바일 어플리케이션의 높은 편의성(가치) 등 다양한 요소들이 영향을 미친 결과이다. 이 변화는 인터넷 뱅킹과 e-payment와 같은 금융산업과 다른 제품/서비스를 제공하는 기업들에게도 큰 변화를 주고 있다.

그러므로 기업은 디지털 시대의 환경 변화에 대한 깊이 있는 이해를 통해 자사의 비즈니스 모델과 운영에 미치는 영향을 파악하고, 성공적으로 디지털 트랜스포메이션을 달성할 수 있는 방법론에 대해 이해해야 한다. David L. Rogers는 그의 저서[3]에서 디지털의 영향이 비즈니스 핵심 영역인 고객(Customer), 경쟁(Competition), 데이터(Data), 혁신(Innovation), 가치(Value) 등 5개 영역(CCDIV)에서 큰 변화를 일으킴으로써 디지털 이전 시대에서 통용되던 비즈니스 성공물과 제약조건을 근본적으로 변화시키고 있다고 상소한 바 있다.

---

[2] 동남아시아 지역에서 널리 사용되고 있는 택시 등 교통수단 공유 호출 어플리케이션으로 사용자가 많아지면서 O2O 플랫폼으로 거듭나며 배달, 렌트, 금융 서비스까지 확대되고 있다.

[3] David L. Rogers (2016). The Digital Transformation Playbook, Columbia Business School.

그림 2	디지털 트랜스포메이션의 핵심영역

출처: David L. Rogers (2016).

비즈니스 핵심영역인 CCDIV에 대한 환경 변화를 먼저 이해해야만 기업이 그에 맞는 비즈니스 모델 개선 또는 혁신을 할 수 있다. 따라서 먼저 핵심영역별 주요 변화와 대응 방안을 David L. Rogers의 저서를 기반으로 간략히 설명하고자 한다. 이를 바탕으로 기업들은 자신들의 비즈니스에 영향을 미치는 거시적인 환경 변화뿐만 아니라 경쟁 환경에 대한 이해를 높일 수 있다. 이는 기업이 처한 환경을 제대로 알고 이에 적합한 비즈니스 전략을 수립하는 데 중요한 출발점으로 작용한다.

디지털 시대 이전에 고객은 기업 입장에서 규모의 경제를 달성할 수 있는 대량판매시장에 속해 있었다. 즉 고객은 기업이 주도하는 시장에 참여하는 소극적인 역할을 담당하는 데 그쳤다. 따라서 기업은 고객에게 브로드캐스팅 방식의 일방향적인 구매 설득을 주 마케팅 방식으로 사용했다. 무엇보다 기업이 전체 산업에 미치는 영향력이 고객에 비해 월등히 높았다. 그러나 디지털 시대가 되자 고객은 인터넷망을 통해 그들간의 동적 네트워크로

| 그림 3 | 핵심 행동별 고객 네트워크 활용 전략 |

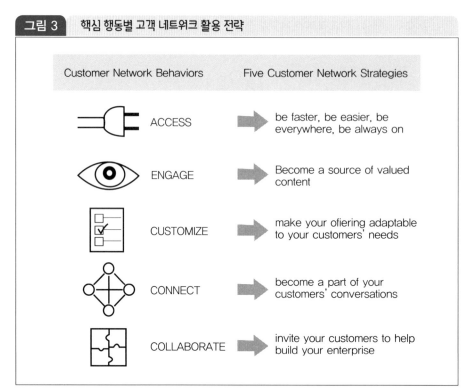

출처: David L. Rogers (2011).

연결되었고, 고객과 고객간 네트워크의 영향력을 높여가고 있다. 이제 한 고객의 피드백은 그 개인의 것이 아니라 전세계로 공유될 수 있다. 그래서 기업은 고객 네트워크 안에서 고객 가치를 높이기 위한 양방향 소통에 주력하고, 나아가 그 고객들이 기업에 충성도(Loyalty)를 갖고, 고객이 자발적으로 기업을 지지할 수 있도록 신뢰를 키워나가는 방향의 노력을 수행하고 있다. 고객의 디지털 경험과 상호작용을 끌어낼 수 있는 핵심 행동은 접근(Access), 관여(Engage), 맞춤화(Customize), 연결(Connect), 협력(Collaborate)의 5가지로 추려질 수 있다. 기업은 특정 비즈니스 시나리오에 가장 적합한 고객 네트워크 핵심 행동을 한 개 혹은 여러 개 선택하여 고객과의 신뢰 관계를 형성하고, 이를 통해 기업 경쟁력을 높일 수 있다.

디지털 시대에서 경쟁은 단순히 제품을 누가 더 많이 판매하는지에 대한 경쟁에 머물지 않고, 플랫폼을 만들어 데이터와 네트워크 효과의 강점을 누리는 방향으로 변화해 왔다. 특히, 디지털 기술은 기존 정의된 산업 내에서의 경쟁에서 벗어나 산업 안팎으로 유동화된 경쟁을 심화시키면서 파트너와 경쟁자 간 구분을 모호하게 만들고 있다. 또한 디지털 기술은 외부 네트워크와의 협력과 고객 네트워크 효과를 제대로 발현시킬 수 있는 플랫폼 비즈니스의 성장을 가속화시켰다. 플랫폼이란 서로 다른 이용자 그룹이 거래나 상호작용을 원활하게 할 수 있도록 제공된 물리적, 가상적, 또는 제도적 환경을 말하는 것으로 대표적인 사례로 Airbnb, Uber, eBay 등을 들 수 있다. 플랫폼 비즈니스를 추진하기 위해서는 특정 플랫폼의 중요 당사자를 식별하고, 특정 플랫폼의 역할과 플랫폼을 통한 고객 간 가치 창출 및 교환을 구체적으로 디자인할 수 있어야 한다. 이를 뒷받침할 수 있는 방법론으로 David L. Rogers가 제안한 '플랫폼 비즈니스 모델맵(Platform Business Model Map)'이 있다. 경쟁 측면에서 고려해야 할 중요한 요소에 유동화된 산업 구조에 대한 이해 및 경쟁 구도에 대한 변화와 영향력을 파악하는 것이 포함된다. 이를 위해 기업은 기업이 속한 전체적인 가치사슬을 분석하고 고객에게 가치를 제공하는 모든 비즈니스 경로마다 경쟁과 협력의 교차 흐름을 제시해야 한다. 이를 통해 기업은 판매채널 또는 공급업체와 기업 간 관계 변화뿐만 아니라 중개 또는 탈중개의 힘을 이해할 수 있다. 또한 기업은 잠재적인 새로운 배치와 관계에 대한 예측 및 중개, 탈중개 또는 채널 대체 계획을 수립할 수 있다.

디지털 시대에서 데이터는 언제 어디에서나 끊임없이 생성된다. 이제 기업의 생존은 이러한 무궁무진한 데이터를 가치 있는 정보로 변환시켜 고객에게 더 나은 가치를 제공할 수 있느냐의 여부에 달려 있다. 그래서 많은 글로벌 기업들이 데이터 확보에 특화된 제품 및 서비스를 개발·제공하고 있다. 그러나 데이터로부터 통찰(Insights)을 뽑아내는 기업은 97%에 달하지만, 실제로 그 통찰에서 가치(Value)를 만들어내는 기업은 단 19%에 그칠 정도[4]로 기업 차원에서 데이터를 활용한 부가가치 창출은 여전히 큰 도전과제이다. 기업이 데이터를 가지고 고객에게 더 나은 가치를 창출하기 위해서는 데이터로부터 고객 간의 관계, 패턴, 영향을 도출(Insight), 고객을 구체화(Target), 고객의 상황 기반에 대한 참조모델을 제공(Context), 고객 요구에 부합하는 개인화 서비스 제공(Personalization)이 가능해야 한다. 기업의 의미 있는 데이터 전략 개발을 위해서는 우선 현재 기업이 보유하고 있는 데이터 자산을 전체적으로 살펴보고, 가능한 한 다양다종의 데이터를 수집해야 한다. 주요 데이터는 비즈니스 프로세스 데이터, 제품 또는 서비스 데이터, 고객 데이터 등으로 필요한 데이터 확보를 위해 기업은 조직 내부뿐만 아니라 외부의 중요한 데이터 소스를 적극 활용해야 한다. 특히, 리드 사용자[5]의 참여와 공급망 파트너로부터의 데이터 획득을 위한 노력이 필요하다. 또한 기업은 조직이 의사결정과 신제품 혁신과정에서 데이터를 적극 활용할 수 있도록 관련 추진방안을 수립해야 한다. 그리고 기업은 관리 차원이나 부서별로 분리되어 있는 데이터를 기업 전체 차원에서 결합하여야 한다.

디지털 트랜스포메이션이 진행됨에 따라 혁신 관점 또한 빠르게 변하고 있다. 혁신이란 새로운 아이디어가 개발 및 테스트되고, 기업에 의해 시장에 도입되는 과정이다. 완제품에 주력을 집중시키는 대신 여러 가지 가능한 솔루션을 개발, 테스트 및 학습하는 데 중점을 두고 있다. 기존 시대에는 직감과 연공서열에 기반한 결정이 주를 이루고, 혁신시도에 수반되는 실패에 대한 두려움으로 위험을 회피하려는 성향이 강했으며, 실제 새로운 아이디어를 실행함에 있어서도 완벽함을 추구해서 많은 예산과 자원이 들었다.

---

4 KPMG (2015), Going Beyond The Data: Turning Data From Insights Into Value.
5 리드 사용자는 새로운 방법이나 제품 및 기술의 얼리 어답터인 선도적인 구매자를 의미하는 것으로 그들의 필요와 선택은 일반적으로 일반 시장의 요구와 선택을 예고하며 혁신적인 제품을 도입할 수 있는 중요한 기회를 제공하는 것으로 알려져 있다(Business Dictionary).

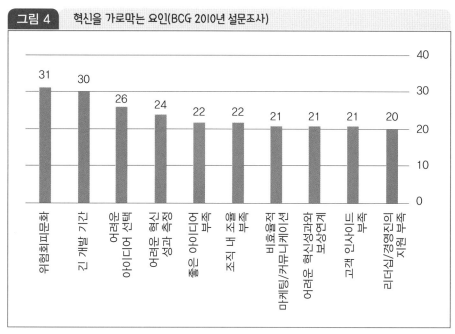

그림 4　혁신을 가로막는 요인(BCG 2010년 설문조사)

	40
31 30	30
26 24 22 22 21 21 21 20	20
	10
	0

위험회피문화 / 긴 개발 기간 / 어려운 아이디어 선택 / 어려운 혁신 성과 측정 / 좋은 아이디어 부족 / 조직 내 조율 부족 / 비효율적 마케팅/커뮤니케이션 / 어려운 혁신성과와 보상연계 / 고객 인사이트 부족 / 리더십/경영진의 지원 부족

출처: The Boston Consulting Group (2010).

　　그러나 디지털 시대에서는 새로운 아이디어를 빠르게, 손쉽게, 값싸게 만들어 테스트하고 검증할 수 있게 되었다.[6] 그래서 기업은 새로운 제품이나 서비스를 출시하고자 할 때, 느리고 비용이 많이 드는 기존 혁신 사이클이 아닌 아이디어 생성 후 바로 프로토타입을 만들어 고객 피드백을 받고 개선해나가는 빠른 실험 기반의 혁신 프로세스를 도입하기 위해 노력해야 한다. 실험을 위한 프로토타입은 가장 적은 비용으로 가장 많은 것을 배울 수 있는 최소 실행 가능 프로토타입(Minimum Viable Prototype: MVP)을 의미하는 것으로 얼리 어답터로부터 유용한 피드백을 얻을 수 있는 충분한 최소 기능만을 가지면 된다. 빠른 실험 기반의 혁신에서 가장 중요한 것은 신속하게 반복하고 스마트하게 실패하는 것이다. 즉, 실패를 기업의 현재 위치와 새롭게 변

---

6 3D, AR/VR을 활용한 시뮬레이션, 3D 프린팅을 사용한 빠르고 값싼 시제품 제작 등이 예시이다.

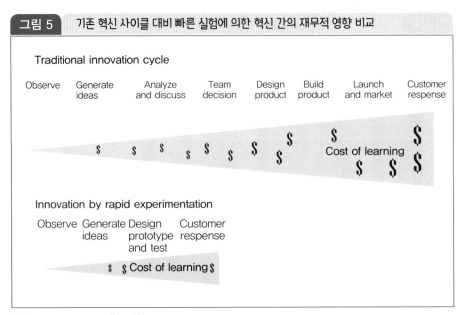

| 그림 5 | 기존 혁신 사이클 대비 빠른 실험에 의한 혁신 간의 재무적 영향 비교 |

출처: David L. Rogers (2016).

화해야 하는 위치 사이의 갭을 보여주는 값싸고 효과적인 일련의 과정이자 실험의 필수적인 부분으로 이해하되, 그 실패로부터 교훈을 얻고 그 교훈을 조직 내로 공유함으로써 실험의 과정과 결과를 지식화하는 것이다.

디지털 트랜스포메이션의 핵심 영역 다섯 번째는 가치(Value)이다. 디지털 시대, 빠른 기술 변화와 경쟁 심화로 기업수명이 급속도로 짧아지고 경쟁의 룰이 바뀌고 있지만, 기업의 생존은 여전히 기업 운영을 위한 본연의 목적인 사회를 이롭게 하는 '가치' 창출에 있다. 그러므로 기업은 디지털 시대에 고객에게 더 나은 가치를 제공하기 위해 비즈니스 전반을 검토하고 가치를 새롭게 재정의할 의무와 필요성을 가진다. 기업이 시장 가치를 정의할 수 있는 방법은 크게 제품, 고객, Use Case, Job to be done, Value Proposition으로 분류될 수 있다. 이 중 제품 방법으로 시장 가치를 정의하면 자칫 고객을 무시하는 경향이 발생할 수 있는 데 반해, 고객 방법은 전형적인 고객 세분화 기법에 의해 분류된 고객들에게 무엇을 원하는지 질문하

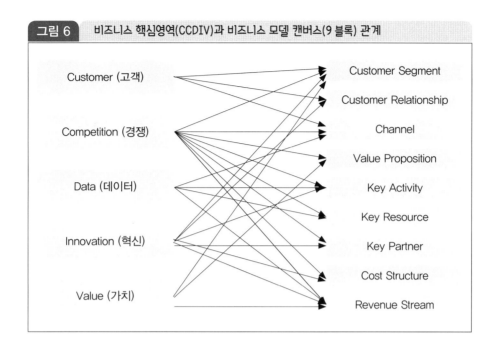

그림 6 비즈니스 핵심영역(CCDIV)과 비즈니스 모델 캔버스(9블록) 관계

- Customer (고객)
- Competition (경쟁)
- Data (데이터)
- Innovation (혁신)
- Value (가치)

- Customer Segment
- Customer Relationship
- Channel
- Value Proposition
- Key Activity
- Key Resource
- Key Partner
- Cost Structure
- Revenue Stream

는 방식으로 새로운 제품이나 서비스에 대해 고객이 잘못된 의견을 제시할 가능성이 높다.[7] Use Case 방식은 고객 입장에서 해당 제품이나 서비스를 사용하는 사례를 구체적으로 분석하여 그에 부합하는 제품 및 서비스를 개발하는 것인데, 고객이 동일한 제품을 여러 용도로 활용할 경우 해석이 모호하다는 단점이 있다. Job to be done 방식은 고객이 해결하고 싶은 근본적인 문제에 집중하는 것으로 자사의 기존 제품이나 서비스를 넘어 다양한 아이디어를 생성하는 데 유리하다. Value Proposition 방식은 고객이 받는 혜택에 집중하여 고객에게 더 나은 가치를 제공할 수 있도록 기존 제품의 혁신을 이끌어내는 데 유용하다. 그래서 디지털 트랜스포메이션을 통한 가치창출을 위해 Jobs to be done과 Value Proposition 방식 사용이 증대되고 있다.

---

7 헨리포드는 T-Model 출시 후 "(T-Model 출시 전) 고객에게 차세대 교통수단으로 무엇을 원하냐고 묻는다면 '더 빠른 마차'가 필요하다고 했을 겁니다"라고 말하기도 했다.

지금까지 고객, 경쟁, 데이터, 혁신, 가치 등 비즈니스 핵심 영역 5가지에 대한 디지털 시대 주요 변화와 방법론에 대해 알아보았다. Afuah & Tucci(2003)가 제시한 대로 기업이 처한 환경과 주요 변화는 기업의 비즈니스 모델에 영향을 미친다. 이제부터는 구체적으로 비즈니스 모델을 수립하는 방법론에 대해 알아보고자 한다.

나 비즈니스 모델 방법론

비즈니스 모델은 어떤 고객에게 어떤 가치를 전달해서 어떤 방식으로 수익을 창출할 것인지를 설명하는 것이다. 국내에 많이 소개된 Business Model Canvas를 주창한 Alexander Osterwalder[8]는 비즈니스 모델을 하나의 조직이 어떻게 가치를 포착, 창조, 전파하는지를 논리적으로 설명한 것으로 정의했다. 또 Chesoborogh와 Rosenbloom[9]은 조직이 어떻게 가치를 창출하고, 전달하고, 획득하는지를 논리적으로 정리한 것으로 비즈니스 모델을 정의하고 있다. 이 외에도 다양한 비즈니스 모델에 대한 정의가 있지만, 공통되는 것은 조직 및 기업이 어떻게 고객을 위한 가치를 창출하고, 이를 서비스 및 제품화하며, 조직에 수익을 제공할 수 있는지에 대한 논리적 연결 및 빙법이라는 것이다.

1990년대 닷컴 열풍이 일어나기 전까지 대부분의 기업은 사업을 '돈을 버는 것', 비즈니스 모델은 '돈을 버는 방법'으로만 정의를 했다. 어떻게 돈을 벌 수 있냐는 질문에 대해 1990년대 이전 기업들은 "(우리는) 성공적인 기업의 활동을 살펴본 후 그들보다 잘 하도록 노력했습니다"라고 대답했고, 닷

---

8 Alan Smith (2010). Business Model Generation, A. Osterwalder, Yves Pigneur

9 Henry Chesbrough, Richard S. Rosenbloom (2002). The Role of the Business Model in Capturing Value from Innovation: Evidence from Xerox Corporation's Technology Spinoff Companies.

컴 열풍이 진행되는 동안 기업들은 "어떻게 하고 있는지 구체적인 방법은 모르겠지만, 돈이 잘 벌리고 있습니다"고 대답했다. 두 가지 답변 모두 비즈니스를 정의하고 설명하지 않고 있으며, 단지 일어난 일에 대한 관찰에 가깝다.

Apple은 어떻게 지금과 같은 고부가가치의 기업이 되었을까? 동시대에 존재하는 Apple의 제품과 소프트웨어가 이처럼 혁신적임에도 불구하고, Microsoft는 어떻게 여전히 시장을 주도할 수 있을까? 스타트업이나 다른 중소/중견기업들은 이런 거대 공룡들과의 경쟁환경 속에서 어떻게 시장에 침투하고 살아남을 수 있을까?

상기의 질문에 대답하기 위해서는 어떻게 성공적인 사업을 할 수 있느냐에 대해 체계적으로 설명할 수 있는 비즈니스 모델이 필요하다. 비즈니스 모델을 분석하는 틀은 그 정의처럼 다양한데, 이번 절에서는 이 책의 사례 분석에서 활용할 비즈니스 모델 방법론을 살펴보고자 한다.

Afuah & Tucci(2003)가 말하는 비즈니스 모델이란 기업이 기업의 자원을 사용해서 고객에게 경쟁자 대비 우위에 있는 가치를 제공하는 방법이자 기업의 이익을 창출하는 방법이다. 비즈니스 모델은 기업이 이윤을 창출하는 방법과 장기적으로 이윤창출 방식을 유지하는 계획을 구체적으로 나타낸다. 즉 지속가능한 경쟁우위에 대한 비법도 포함하고 있다. 비즈니스 모델은 시스템처럼 설명될 수 있고 세부 요소, 요소 간 연결, 상호작용으로 표현된다. 세부 요소로는 고객에게 제공하는 가치, 대상 고객군, 제품 혹은 서비스의 범위, 이윤, 수익원, 비용, 가치 창출을 위한 필수 활동, 해당 활동을 수행하기 위해 필요한 역량, 우위를 유지하기 위한 활동, 이 모든 요소가 시스템적으로 작용할 수 있게 하는 연계성 등이 있다. 비즈니스 모델은 시스템이기 때문에 개별 요소가 잘 기능하는 것만으로 성공적으로 작동하지 않는다. 개별 요소간 어떤 관계를 정의하고 그 관계를 유지 혹은 변화시키는지가 중요하다. 예를 들어, A라는 비즈니스 모델에서 고객에게 제공하는 가치가 "저비용"이라고 생각해보자. 기업은 "저비용"을 유지할 수 있도록 모든 세부 요소들을 조정해야 한다. 저렴한 가격에 커피를 제공하는 커피숍이 있다면 저렴한 가격을 유지할 수 있도록 매장임대료가 싼 곳에 작은 매장을 내고, 직원을 줄이고, 대량 주문 등을 통해 재료 구입가격을 낮추는 등의 노력을 해야 한다. 매장이 임대가 아니라 자가소유라면 다른 경쟁사 대비 지속가능한 경쟁우위를 가지고 있다고 말할 수도 있을 것이다. 비즈니스모델 내 세부 요소 간 관계뿐 아니라 비즈니스가 운영되는 환경과의 관계도 주의깊게 살펴봐야 할 필요가 있다. Southwest Airlines의 사례는 저비용을 제공하는 기업의 사례를 잘 설명하고 있다. 1980년과 1990년, Southwest Airlines은 저비용 비행편을 제공하기 위해 두 가지 주요 활동을 정의하고 수행했다. 첫 번째는 기내식 서비스를 없앤 것이었고, 두 번째는 많이 붐비지 않는 공항에만 취항했다. Southwest Airlines가 제공하는 저비용 전략을 뒷받침해주는 활동이었다. 다른 비행사들이 허브공항을 두고 이를 중심으로 노선을 짜는 것과 다르게 붐비지 않는 도심 근처 공항을 위주로 노선을 짜서 고객에게는 편의성을 제공하는 동시에, 저비용 전략을 수월하게 운용할 수 있었다.

본 모델은 회사의 주변 환경을 비즈니스 모델에 포함시키고, 이를 통한 상호작용을 설명하고 있다. 이와 같은 모델은 '경쟁'이라는 요소를 설명할 수 있는 장점을 가진다. 하지만 요소 간의 관계가 너무 추상화되어 있어, 가시적으로 상호작용이 설명되지 않아 활용성이 낮다는 한계도 지니고 있다.

많은 기업들이 성공한 상태에서 갑자기 없어지거나 어려움을 겪게 된다. 많은 대외적 요인도 있겠지만, 갑작스러운 실패의 이유는 변화하는 환경에 기업이 적절하게 대응하지 못하고 변화에 맞춰 조직과 비즈니스 아이템을 변화시키지 못한 것이다. 보스턴컨설팅그룹(BCG)이 제시한 Cash Cow 모델에서 착안된 하나의 Cash Cow 아이템이 영원불멸한 Cash Cow가 될 수는 없다.

비슷한 다른 비즈니스 모델 방법론

(1) STOF 모델

STOF Model은 서비스, 기술, 조직, 재무 영역으로 비즈니스 모델을 분류한 모델이다. 서비스 영역은 가치제안과 목표 그룹(고객)을, 기술 영역은 필요한 기능을 나타내며 서로 영향을 주고받는다. 즉 서비스 영역의 목표 그룹이 가지고 있는 문제를 기술 영역의 필요한 기능을 제시함으로써 풀고자 하는 것이다. 조직 영역은 가치 네트워크의 구조를 나타낸다. 기술 영역의 기술 요구사항을 실현할 수 있는 조직의 역량을 표현하는 부분이다. 재무 영역은 비용과 수익 잠재성으로 나타난다. 서비스, 기술, 조직 영역은 비용과 수익에 영향을 미친다. 본 모델은 각 요소간 상호 영향을 미치는 것을 잘 도식화했지만, 각 영역 내 세부 요소들이 명확히 구분되지 않는 단점이 있다.

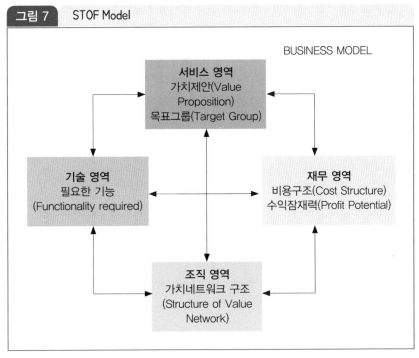

그림 7 STOF Model

출처: Harry, et al (2008).

(2) Business Model Canvas

비즈니스 모델 캔버스는 최근 가장 많이 사용되고 있는 모델이다. 9개의 블록으로 구성되어 있기 때문에 흔히 9 Block으로 통칭되기도 한다. 고객군(Customer Segments), 가치제안(Value Propositions), 채널(Channels), 고객관계(Customer Relationships), 핵심 활동(Key Activities), 핵심 자원(Key Resources), 핵심 파트너(Key Partners), 비용 구조(Cost Structure), 수익원(Revenue Stream)으로 구성된다. 이 9가지 블록은 고객(고객군, 채널, 고객관계), 제품/서비스(가치제안), 역량(핵심 활동, 핵심 자원, 핵심 파트너), 재무(비용 구조, 수익원)로 구분될 수 있다. Afuah & Tucci의 모델이나 STOF 모델에서 세부 요소로 설명된 것들을 도식화하여 구체적으로 보여주고 있어서 현황을 구체적으로 살펴볼 때 적합한 모델이다.

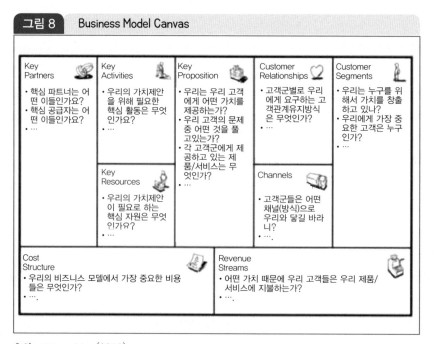

그림 8　Business Model Canvas

출처: Osterwalder (2013).

(3) Operating Business Model

Operating Business Model은 앞선 다른 모델과 다른 형태를 띠고 있다. "왜 우리는 하나의 조직인가?"라는 큰 질문을 던지고 ① 고객을 어떻게 확보하고 유지할 것인가? 각 영역별 가치제안이 무엇인가? 등 고객과 가치제안에 대한 부분과 ② 어떻게 차별적으로 전달할 것인가?의 가치전달부, ③ 차별적인 재무구조로 나뉜다. 요소가 상호관계를 가지는 것에서 나아가 각 요소를 세분화시켜 분석적으로 상황을 바라보고, 경쟁환경에서 경쟁사 대비 차별화할 수 있는 요소를 구체적으로 분석하는 모델이다. 본 모델은 가치제안이라는 요소, 경쟁환경에서의 차별화 잠재력, 가치제안 변화로 인한 결과에 중요성을 부여하고 있다. 차별화 잠재력에 중점을 두고, 경쟁에 대해 고려하고 있으며, 내부에서 발생하는 상호작용을 고려한다는 장점을 가지고 있다. 하지만 회사가 보유하고 있는 현재의 역량을 고려하지 않고, 가시화를 효과적으로 하지 못하며, 기업이 처한 경쟁 환경 내 기술 동향에 대한 고려가 없는 한계가 있다.

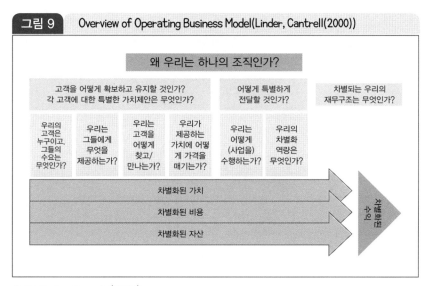

그림 9   Overview of Operating Business Model(Linder, Cantrell(2000))

출처: Linder, Cantrell (2000).

상기에서 살펴본 다양한 비즈니스 모델은 각 요소가 개별적으로 존재하는 것이 아니라 서로 영향을 미치기 때문에 하나의 모델로서 작용한다는 것을 이해할 수 있다. 지금까지 살펴본 비즈니스 모델은 적용가능성과 총체성을 기준으로 다음과 같이 비교해볼 수 있다.

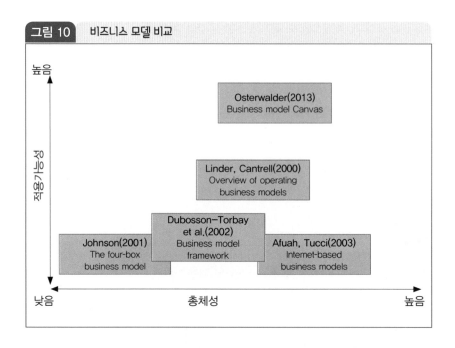

그림 10   비즈니스 모델 비교

Johnson 모델은 총체성과 적용가능성이 다른 모델에 비해 상대적으로 낮다고 볼 수 있고, Dubosson-Torbay 외의 모델은 총체성을 조금 높아졌으나, 적용 가능성이 여전히 낮다고 할 수 있다. Osterwalder의 모델은 이 중 상대적으로 적용가능성이 높으나, 총체성도 높은 편으로 현황을 구체적으로 설명하는 데 적합하다. Afuah, Tucci의 모델은 적용가능성은 낮으나, 총체성이 높아 상황을 분석하는 데 적합하다.

보스턴컨설팅그룹은 2009년 비즈니스 모델을 혁신한 기업이 제품과 프로세스만을 혁신한 기업보다 6% 이상 높은 수익성을 불러왔다는 연구결과를 발표했다.[10] IBM도 산업계에서 뛰어난 실적을 가진 기업인 outperformer 들이 그렇지 않은 기업인 underperformers에 비해 더 자주 비즈니스 모델을 혁신했다는 연구결과를 2012년 발표했다.[11]

10 BCG (2009). Business Model Innovation - When the Game Gets Tough, Change the Game.
11 IBM (2012). Leading Through Connections – Insights from the Global Chief

그림 11   비즈니스 모델의 Magic Triangle

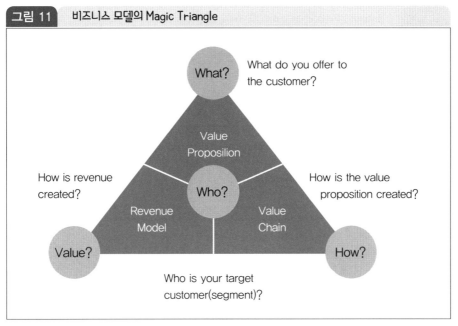

출처: Oliver Gassmann 외 (2014).

이처럼 비즈니스 모델은 한 번 작성한다고 완성되었다고 생각하고 안주하는 것이 아니라, 다양한 환경 변화, 고객 기호 변화, 기업 역량 변화에 따라 끊임없이 변경시켜야 할 필요가 있다. 특히 앞서 살펴본 디지털 트랜스포메이션이라는 전방위적인 변화에 대응하기 위해서는 전략적인 변경이 필요할 것이다. 전략을 세우기 위해서는 방향설정이 필요하다. 그렇다면 어떻게 방향설정을 해야 할까?

Oliver Gassmann은 비즈니스 모델의 구성요소를 상기 〈그림 11〉과 같이 네 가지로 구분했다.[12] 고객이 누구인가(Who), 고객에게 제안하는 가치는 무엇인가(What), 제안된 가치는 어떻게 창출하는가(How), 어떻게 수익이 창출되는가(Value/Why)의 네 가지 요소는 비즈니스 모델 캔버스의 요소들을

Executive Officer Study.

12 Oliver Gassman, Karolin Frankenberger, Michaela Csik (2014). Business Model Navigator - 55 Models That Will Revolutionise Your Business.

표 1	Business Model Navigator(BMN)와 Business Model Canvas 관계
BMN	**Business Model Canvas**
Who	고객 세그먼트(채널, 고객관계)
What	가치제안(채널, 고객관계)
How	핵심자원, 핵심활동, 핵심파트너
Why	수익원, 비용구조

재배치한 것과도 같다.

첫 번째 요소는 다시 "고객"이다. 기업의 제품/솔루션에 대상으로 하고 있는 고객이 누구인지 이해하는 것이다. 어떤 고객을 주로 다룰 것이고, 어떤 고객을 다루지 않을 것인지를 이해하는 것이 시작점이 된다. 고객은 모든 비즈니스 모델에서 빠짐없이 가장 중요한 위치를 차지하고 있다.

두 번째 요소는 기업이 제공하는 "가치"가 무엇이냐는 것이다. 기업이 제공하는 제품 자체를 설명하면서, 고객이 필요로 하는 수요를 어떻게 다루는지를 설명하게 된다.

세 번째 요소는 이 가치를 "어떻게 만드냐"는 것이다. 비즈니스에 관련된 다양한 자원, 역량과 기업의 가치사슬 간의 조화에 대한 요소다. 특정한 고객에게 제안하는 가치가 실제로 작동하기 위해서는 다양한 프로세스와 활동이 필요하기 때문에 이들을 설명하는 것이다.

마지막 요소는 "수익"이다. 어떤 메커니즘으로 수익을 얻는지에 대한 설명이다. 왜 기업이 이 비즈니스를 하고 있는지에 대한 답변이기도 하다. 비용구조, 수익 메커니즘이 수익 요소에서 다뤄진다. 아무리 좋은 가치를 제공해도 기업존재의 궁극적인 목적인 수익달성이 성취되지 않는다면 비즈니스로서 성립하기 어렵다.

고객(who), 가치(what)는 외적인 부분을 나타내고, 가치사슬(how)과 수익(why)은 기업 내부를 설명한다고 볼 수 있다. Magic Triangle에 요소들의 위치는 의미를 가지고 있고, 각 요소 간 연결선은 요소들이 상호 영향을 미치고 있음을 나타낸다. 예를 들어, 수익은 가치와 가치사슬에 영향을 미친다.

Amazon, 네스프레소 등 성공적인 기업의 비즈니스 모델은 일종의 패턴을 가지고 있다. Oliver Gassman은 다양한 기업의 비즈니스 모델을 분석해서 상기 네 가지 요소 중 최소 두 개 이상의 요소를 변화시키는 방식으로 성공한 기업들의 비즈니스 모델이 혁신되었다고 분석해냈다.

본 책의 케이스스터디는 대상 기업에 대해 먼저 디지털 트랜스포메이션을 통해 변화하는 흐름(CCVID)을 읽고, 변화의 흐름이 Business Model Navigator의 네 가지 요소에 어떤 영향을 미쳤는지를 분석한다. 최종적으로 이 결과를 비즈니스 모델 캔버스에 구체적으로 제시함으로써 독자가 대상 기업의 변화를 상세히 이해할 수 있도록 구성하였다. 구체적인 케이스스터디에 앞서 케이스스터디에 적용될 디지털 트랜스포메이션의 경로와 패턴에 대해 살펴보겠다.

 ## 디지털 트랜스포메이션의 경로와 패턴

디지털 시대로 접어들면서 많은 기업들이 위기와 기회를 동시에 맞이하고 있다. 고객과의 직접 접촉이 많은 미디어, 헬스케어 등의 산업이나 오프라인 중심의 비즈니스 모델은 이미 디지털 영향에서 살아남기 위해 디지털 기술의 혜택을 취하고 변화된 고객 요구에 맞추기 위해 다양한 디지털 트랜스포메이션 전략을 구사하고 있다. 그러나 제조 중소기업들은 여전히 디지털 기술의 혜택을 충분히 누리지 못하고 디지털 이전 시대의 방식을 유지하면서도 막연한 위기감을 느끼고 있다. 그래서 주요 글로벌 컨설팅업체들은 기업들이 디지털 시대에서도 지속가능한 성장을 구가하거나 유지할 수 있

그림 12   디지털 파괴로 인한 기회와 위협을 식별하기 위한 프레임워크

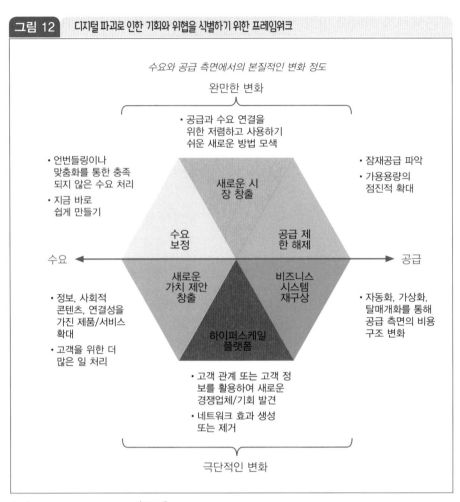

출처: McKinsey & Company (2016).

도록 디지털 트랜스포메이션 추진 경로 및 패턴 등을 포함하는 디지털 트랜스포메이션 추진 전략 프레임워크를 소개하고 있다.

본 절에서는 McKinsey & Company, Accenture, IBM의 디지털 트랜스포메이션 프레임워크를 소개함으로써, 이들이 제시한 주요한 디지털 트랜스포메이션의 경로와 패턴에 대해 이해하고 그 경로와 패턴을 케이스스터디에 적용하고자 한다.

McKinsey & Company는 기존 기업이 디지털 혁신으로의 기회와 위협

을 파악하고 디지털 우선순위를 정의할 수 있도록 디지털 혁신 프레임워크를 개발하였다. McKinsey & Company는 디지털화가 수요(demand)와 공급(supply)의 한 면 또는 두 면 모두의 속성을 변화시킬 때 그 산업이 파괴될 수 있음을 발견하였다. 수요는 고객의 행동과 요구를 말하며 공급은 기업 관점에서 제품이나 서비스, 솔루션을 고객에게 전달하는 측면을 말한다. 본 프레임워크의 상단부는 시장 수요 및 공급의 완만한 변화를 보여주고, 하단부는 완전히 새로운 가치 창출 및 생태계 창출의 극단적인 변화를 보여준다. 디지털 기술은 새롭게 노출된 공급을 왜곡되지 않은 새로운 수요와 결합시킴으로써 새로운 시장을 창조하는 완만한 변화를 이끈다. 예를 들어 Uber는 새로운 시장으로서 "ride/sharing mobility"을 창안하여 모빌리티 산업에 큰 변화를 가져왔다. Uber는 앱과 알고리즘을 활용해서 이전에 활용률이 낮은 차량의 활용성을 높임으로써(unconstrain supply), 고객의 승차 편의성을 높이는 데(undistort demand) 기여하였다. 또한 디지털 기술은 고객을 위한 새롭고 향상된 가치를 제안하거나 비즈니스 시스템을 재창조 또는 플랫폼을 구현함으로써 시장의 극단적인 변화를 이끈다. 예를 들어 디지털화는 자동차 보험을 구매하는 고객의 기대치를 높임으로써, 고객이 디지털 기술을 활용한 자동차의 정확한 사용 패턴 및 사용량에 따라 다양한 할인과 상품을 제공 받기를 희망하도록 변화하게 만든다(create new value propositions). 그러므로 고객의 정보에 대한 접근성이 높은 Apple이나 Google, 또는 다른 보험회사나 완전히 새로운 회사가 자동차 보험을 출시하고 보험업계를 혼란에 빠뜨릴 수 있다(reimagine business systems).

Accenture는 디지털 기술의 사용이 ① 기존 가치사슬의 부분적 디지털화, ② 새로운 비즈니스 모델 창출 등 두 가지 전략적 옵션에 영향을 미치며, 이를 기반으로 부가가치 창출이 가능한 영역을 제안하는 포괄적인 디지털 전략 프레임워크를 개발하였다. 전략적 옵션 중 하나인 기존 가치사슬의 부분적 디지털화는 디지털 가치의 잠재력을 창출하고 포착하기 위한 중요한 전제조건으로 간주된다. 이와 관련하여 두 가지 차원을 고려할 수 있다. 첫 번째로 기업은 디지털 기술을 활용하여 마케팅 및 판매 부문에서 예측 및 개인화 서비스, 온라인 판매 등을 가능하게 할 수 있고, 애프터 서비스에서 예측 기반의 유지관리, 예비 부품의 3D 프린팅, 온라인 실시간 지원 등을 통해 고객 경험을 디지털화하여 수익성을 높일 수 있다. 두 번째로 기업은 운영의 디지털화를 통해 내부 비용을 최적화하고 비즈니스 운영 효율성을 높일 수 있다. 그러나 기업은 결과적으로 디지털 기술을 활용하여 부가가치를 창출하고 새로운 수익원을 확보할 수 있는 새로운 비즈니스 모델을 개발해야 한다. 이것이 바로 Accenture가 개발한 디지털 전략 프레임워크의 두 번째 전략적 옵션이다. 기존의 가치사슬과 비즈니스 운영 프로세스를 디지털화하는 것은 디지털 비즈니스로 이동하기 위한 필수 조건이지만, 정보는 디지털 비즈니스 모델의 핵심 요소이다. 정보는 일반적으로 차별화된 고객 경험을 개발하고 개발할 수 있는 운영 효율성 향상의 기초가 된다. 이를 위해 기업은 기업 경계와 공급망을 넘어 전통적인 산업계 경계를 넘나드는 역동적인 생태계로 확장할 수 있다.

기업은 디지털 기술을 활용해서 고객 경험, 기업 운영, 비즈니스 모델 측면에서 가치를 창출할 수 있다. 그래서 Accenture는 이 세 가지 영역을 고객 경험, 기업 운영, 비즈니스 모델 등의 가치 창출 영역(Value areas)으로 제시하였다.

- Digital Customer(고객 경험 측면): 마케팅과 판매 영역에서 고객의 경험을 디지털화하는 전략으로 디지털 기술을 이용해서 Mass-customize 혹은 build-to-order 서비스를 제공하는 방식을 의미한다. 예로 3D 프린팅을 통해 재고 비용과 생산 비용을 줄이면서 소량의 자동차 부품을 만드는 것을 들 수 있다.

- Digital Enterprise(기업 운영 측면): R&D, 생산, 경영지원 등의 내부 업무 프로세스를 디지털화하는 전략으로 로봇, 3D 프린팅, AR 등을 적용해서 R&D

나 생산 프로세스를 효율화하거나, 다양한 센서로 수집되는 빅데이터를 분석해서 의사결정을 지원하거나 예측 기반의 유지관리 등이 가능해진다.

- Digital Business(비즈니스 모델 측면): 현재의 비즈니스 모델을 디지털 기술을 이용해서 새로운 비즈니스 모델로 전환할 수 있다. 예를 들어 타이어 제조회사가 센서를 트럭에 설치하여 연료 소비, 타이어 공기압, GPS 위치 등을 수집하고 이 수집된 데이터를 이용하여 적시에 고객에게 안내메시지를 보내거나 기술자를 고객주거지로 파견하는 등 판매된 타이어 관리를 최적화하는 서비스를 제공할 수 있다. 결국 이 타이어 제조회사는 제품 판매 모델과 동시에 서비스 판매가 가능한 비즈니스 모델로 전환이 가능하다.

IBM은 디지털 트랜스포메이션을 위한 세 가지 경로를 제시했다. IBM은 디지털 트랜스포메이션 가능 영역을 고객 가치 제안의 재구성(제공 대상)과 운영 모델의 재편성(전달 방식)으로 제시하고 어떤 영역을 우선하느냐에 따라 세 가지 경로를 제시했다.

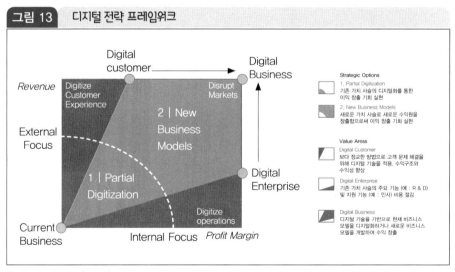

그림 13 디지털 전략 프레임워크

출처: Accenture (2016).

그림 14	고객 가치 제안 재구성의 3단계

Enhance 디지털 콘텐츠, 정보, 통찰력 및 참여를 통해 물리적 제품 또는 서비스를 보강하거나 강화	Extend 디지털 콘텐츠를 통해 물리적 또는 전통적 제품 및 서비스를 확장하여 새로운 수익원 창출	Redefine 고객에게 제공되는 가치를 재정의하고, 물리적인 요소를 디지털로 대체하거나, 완전히 통합된 디지털 / 물리적 가치와 수익을 창출
주요 전략적 움직임 • 디지털 컨텐츠로 고객 경험 향상 • 디지털 커뮤니티와 차별화 • 여러 터치 포인트에서 고객 경험 향상	주요 전략적 움직임 • 전통적으로 또는 대부분 물리적인 제품에 새로운 매출 흐름을 추가 • 브랜드 확장으로 새로운 수익원 창출 • 터치 포인트 간 통합을 통해 판매 및 거래 증가	주요 전략적 움직임 • 디지털 요소가 실제 요소를 대체하는 새로운 수익 모델 설계 • 새로운 정보 또는 부가 가치를 창출하기 위해 "정보 요소"를 재조정하거나 재조합 • 고객 경험 혁신

출처: IBM (2011).

그림 15	비즈니스 운영 모델 재구성의 3단계

Create 작업을 개선하고 여러 터치 포인트에서 고객을 참여시키는 데 필요한 기본 디지털 전달 기능을 창출	Leverage 각 요소의 기능을 최적화하고 채널 및 조직 구조 전반에 걸쳐 정보를 활용 극대화	Integrate 고객 접점에 대한 가치 제공의 모든 요소를 통합하고 완전히 최적화하여 효율성 / 효과성을 제공

출처: IBM (2011).

가치 제안 재구성 영역은 이동성, 상호작용 및 정보 엑세스를 위한 새로운 기능을 사용하여 제품 및 서비스, 정보 및 고객 참여를 재구성하는 것을 의미하는 것으로 새로운 고객 가치 제안을 어떻게 수익화할 수 있는지에 대한 도전을 말한다. 기업은 고객 경험의 가치를 향상(Enhance), 확장(Extend), 재정의(Redefine)함으로써 고객 가치 제안을 재구성할 수 있다.

운영 모델 재편성은 구매 및 판매 체인의 모든 활동들이 고객 선호도 및

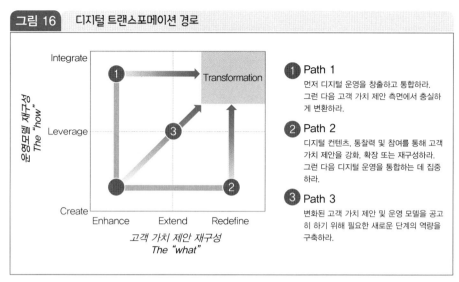

출처: IBM (2011).

요구사항을 알 수 있도록 모든 비즈니스 활동을 통합하고 해당 활동과 관련된 데이터를 최적화하는 활동을 의미한다. 기업은 비즈니스 운영 모델에 대해 디지털화를 시작하고(Create), 극대화하고(Leverage), 통합(Integrate)함으로써 고객 접점에 대한 가치 제공의 모든 요소에 대한 효율성과 생산성을 확보할 수 있다.

제공 방식과 전달 대상이라는 두 가지 영역 중 무엇을 우선하느냐에 따라 디지털 트랜스포메이션을 위한 세 가지 경로가 존재한다. 첫 번째 경로는 비즈니스 운영의 디지털화 및 통합을 추진한 후 고객 가치 제안을 충실하게 변화시키는 것이다. 두 번째 경로는 디지털 컨텐츠, 통찰력 및 고객 참여를 통해 고객 가치 제안을 강화, 확장 또는 재구성에 먼저 매진한 후 비즈니스 운영 측면의 디지털화를 추진하는 것이다. 세 번째 경로는 고객 가치 제안과 운영 모델의 혁신을 동시에 추진하면서 완전히 새로운 단계의 역량을 구축하는 보다 총체적이고 통합된 접근 방식을 말한다.

종합하면 글로벌 주요 컨설팅 그룹의 디지털 전략 또는 디지털 트랜스포메이션 프레임워크를 정리해보면 세 기업 모두 비슷한 경로나 패턴을 보여주고 있는 것을 알 수 있다. McKinsey & Company는 수요와 공급 측면을, Accenture는 기업 운영 측면과 비즈니스 모델 측면을, IBM은 기업 운영 측면과 고객 가치 창출 측면을 주요한 가치 창출 영역이나 디지털 트랜스포메이션 추진 경로로 제시하고 있다. 세 기업이 서로 다른 단어를 사용하고 있지만 결론적으로는 세 기업 모두 디지털 트랜스포메이션을 추진할 수 있는 영역을 기업 내부 또는 기업 운영의 공급 측면과 고객 가치 창출 또는 비즈니스 모델 측면의 수요 측면으로 나누고 있다. 그래서 우리는 디지털 트랜스포메이션 추진 영역의 용어를 통일하여 기업 운영 측면과 고객의 가치 창출 측면으로 정리하여 케이스를 분석하고자 한다.

기업 운영 차원의 디지털 트랜스포메이션은 기존 비즈니스 모델을 유지하면서 새로운 비즈니스 모델 창출을 위한 기본 전제조건으로 디지털 시대 이전에 맞춰져 있던 기업 운영 방식을 디지털화하고 조직 역량 및 문화를 디지털 시대에 맞도록 데이터 기반으로 탈바꿈하는 것을 의미한다.

고객의 가치 창출 차원의 디지털 트랜스포메이션은 디지털 기술을 적극 활용하여 고객에게 새로운 경험을 제공하고 고객과의 상호작용을 통해 지속적인 제품 및 서비스 개발이 가능할 수 있는 네트워크 기반의 고객 관계를 형성하는 것을 의미한다. 그리고 더 나아가 고객이 직면한 문제를 해결할 수 있는 더 나은 비즈니스 모델을 창출하는 것을 의미한다.

기업은 기업의 대내외 환경, 보유 역량 및 자원, 고객 기대 등을 고려하여 기업에게 적합한 디지털 트랜스포메이션 경로를 설계하고 추진할 수 있다. 그러나 기업이 명심해야 할 것은 기업 운영적인 차원의 디지털 트랜스포메이션은 고객에게 새로운 부가가치 창출을 위한 준비 과정임을 인식해야 한다. 결국 기업의 지속 가능성은 다른 경쟁자와 차별화된 그 기업만의 가치를 고객에게 전달할 수 있어야만 담보될 수 있기 때문이다. 그래서 결국 디지털 트랜스포메이션은 기업의 운영적인 측면과 고객의 부가가치 창출 측면이 선후 관계를 벗어나 조화롭게 진행됨으로써 가능해진다.

4 케이스 스터디

가 레고

1) History

LEGO는 1934년 덴마크 Billund에서 목재 장난감을 만들던 목수 Ole Kirk Christiansen에 의해서 설립되었다. LEGO는 덴마크어로 "leg godt"로 "잘 논다(play well)"를 의미하는 두 단어를 조합한 것이다. 처음에는 나무 장난감으로 시작하였으나, 창립자의 아들인 Godfred Kirk Christiansen가 1958년부터 장난감 블록을 제작하기 시작하면서 지금의 LEGO 시리즈의 기반을 만들었다. 그 이후 LEGO Group은 140개국 이상에서 LEGO 제품을 판매하는 조립용 장난감 시장에서 세계적인 제조사로 거듭났다. 본사는 덴마크 Bilund에 있으며 미국, 영국, 중국 및 싱가포르에 지사가 있다. 지난 수년간 체코(2000), 헝가리(2008), 멕시코(2008), 중국(2017)에 새로운 공장을 설립하며 생산 능력을 확장해 왔다. 현재 전 세계 LEGO Group에 15,000명 이상의 직원이 근무하고 있지만 기업은 여전히 Kirk Kristiansen 가족 소유로 운영되면서 기업의 전통적 가치를 유지하고 있다.

그간의 LEGO Group의 개발 전략은 세 가지 단계로 구분할 수 있다. 첫 번째 단계는 1966년 LEGO 열차 시스템을 시작으로 1980년대 후반까지 새로운 제품 및 테마 시리즈를 개발하는 데 집중했던 시기이다. 그 당시 현재까지 LEGO 시리즈로 유명한 LEGO Duplo(1967), LEGOLAND Space(1979), LEGOLAND Pirates(1989) 등이 출시되었다. LEGO의 장난감 시리즈는 여러

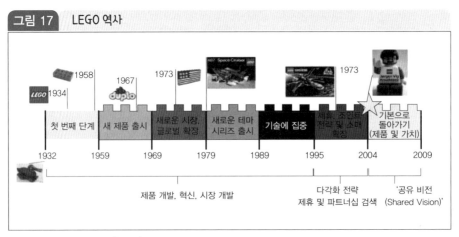

출처: Thibaut Wautelet (2017).

세대의 아이들을 위한 가상 세계의 무한한 가능성을 만들어 냈으며 이를 통해 LEGO는 수십 년 동안 지속적인 성장을 구가할 수 있었다. 이 당시 기업은 전세계적으로 시장을 확대하면서 생산의 최적화를 위해 집중하였다.

두 번째 단계는 1993년부터 2004년까지로 볼 수 있다. 이 시기 기업은 판매와 관련하여 몇 가지 일반적인 문제에 직면하게 되었다. 기업 내부적으로는 기업이 이미 성장주기 중 최극점에 올라와 있었으며(즉, 하락기로 접어들 시기), 인터넷과 비디오 게임의 확산으로 장난감에 대한 구매력이 약화되면서 경쟁은 더욱 심화되고 있었다. 뿐만 아니라 LEGO가 보유하던 블록 관련 특허가 만료되면서 유사 제품 간 경쟁이 심화되었다. 이러한 문제점을 극복하기 위해 스타워즈나 해리포터 등 유명한 영화 제작사와 협력을 통해 새로운 테마 시리즈물을 출시했을 뿐만 아니라 테마파크, 의류 및 비디오 게임 등으로 제품 다변화를 위해 노력하였다. 그러나 매출은 예상과 달리 증가하지 못했고 운영의 복잡성과 생산 비용이 증가되면서 경쟁력은 낮아져 1998년부터 재정적인 어려움을 겪게 되고, 2004년 결국 파산 직전에 직면하게 되었다.

세 번째 단계는 LEGO Group이 파산 직전의 회사를 다시 되살리기 위해 2004년 10월, 대표이사를 창립자의 손자인 Kjeld Kirk Christiansen에서 글로벌 컨설팅 경력을 가진 그 당시 35세인 Jørgen Vig Knudstorp로 바꾸고 대대적인 변화를 감행할 때부터로 볼 수 있다. Knudstorp은 독창적인 완구 제조기업으로서 LEGO 브랜드 정체성을 재건한다는 비전과 함께 "Shared Vision"이라는 새로운 전략을 수립하였다. 또한 회사의 정체성을 나타내는 LEGO 블록이 의미하는 기본으로 돌아가기 위한 노력을 진행하였다. 초창기에는 주로 재정 안정화에 매진하여 사업 운영의 복잡성 감소 및 공급망 최적화를 통한 생산 비용 절감, 비영리 제품 라인 폐쇄, 내부 구조 조정을 단행하였다. 이를 통해 재정 안정화를 이룬 2008년 이후부터 회사는 성장 전략에 초점을 맞춰 시대 트렌드에 부합하는 디지털 트랜스포메이션 전략을 추진하면서 제2의 전성기를 맞이하게 되었다. 이 대전환을 통해 파산 직면의 LEGO Group은 2005년 이후 꾸준한 성장세를 구가하여, 2014년 기준 매출액 39억 유로(약 한화 5조 1,800억원), EBITDA 14억 유로로 37.1%의 마진을 기록했다. 이러한 성공적인 디지털 트랜스포메이션을 통해 LEGO는 장난감 제조업계의 최고 자리뿐만 아니라 새로운 형태의 디지털 엔터테인먼트 기업으로 거듭나면서 장난감계의 Apple로 불리고 있다.

2) Challenge

LEGO Group이 파산 직전에 내몰렸던 2000년 초반은 인터넷 및 모바일 기기의 확산이 가속화되는 시점으로 ICT 기반의 혁신 기업들이 세상에 속속 등장하는 시기이다. 그러나, 기존 제조업체들은 그들의 기존 추진방식에서 벗어날 필요성을 느끼지 못하고 있었다. LEGO 또한 전형적인 제조업체의 면모를 벗어나지 못하고, 기존 제품 라인의 다각화를 위해 노력하는 수준에 그치고 있었다.

고객은 전자상거래와 대형 글로벌 유통체인 등 다양한 유통경로를 통해 제품을 비교·분석하여 고객 입장에서 가장 유리한 조건으로 구매를 하기 시작했다. 뿐만 아니라 브로드캐스팅 방식의 일방향적 구매 설득보다는 소셜미디어, 블로그 등을 활용한 고객 리뷰 및 고객 간 상호작용을 통해 합리적인 소비를 지향하고 있었다.

경쟁 측면에서는 온오프라인으로 판매 채널이 다변화되고, 글로벌 유통 매장의 확산에 따른 유통업의 파워가 확대되면서 가격 하락 압력이 거세지던 시기로 운영 수익 축소 및 운영 효율화를 위한 다각적인 노력이 필요했다. 또한 중국이 글로벌 제조공장으로 급부상하면서 저렴한 장난감이 난립하고, 인터넷, 비디오, 모바일 게임의 확산으로 비대칭 경쟁이 심화되면서 장난업계는 사면초가에 처하게 되었다. 특히, LEGO Group은 블록에 대한 특허 만료로 저렴한 유사 제품이 시장에 넘쳐나면서 대칭 경쟁 측면에서 어려움에 처할 수밖에 없었다.

인터넷 및 소셜미디어의 확산으로 데이터는 언제 어디서나 끊임없이 생성되고 있었지만, 유통회사를 주요 판매처로 활용해서 고객과 직접 대면의 기회가 적은 장난감 제조업체의 특성상 고객 데이터에 대한 확보가 용이하지 않았을 뿐만 아니라 데이터의 중요성에 대한 인식도 낮은 상태였다.

장난감 제조업체의 고객과 디지털 시대에 대한 이해 부족은 혁신 차원에서도 기존 방식을 유지하는 선에서 그치고 있었다. 대량 시장의 기존 고객군을 대상으로 기존 방식대로 기존의 제품 라인업과 비슷한 새로운 완성 제품을 출시하는 데 집중하고 수익 악화를 타개하기 위해 섣부른 타 산업 분야로의 제품 또는 서비스 다각화를 통해 오히려 운영의 복잡성과 생산 비용을 증가시키는 오류를 범하고 있었다.

이런 혁신의 오류는 고객에 대한 데이터 확보 부족 및 네트워크화된 고객의 변화 양상에 대한 이해 부족에서 기인한다. 그러다보니 재미 요소라는 업계에서 정의된 기존 가치를 벗어나지 못하고 제품 다양성, 제품 구매의 용이성, 가격 등의 현재의 가치 제안에 초점을 맞추고 있었다. 그래서 실제 고객들의 어려움은 무엇이고, 어떤 가치를 제공해야 하는지에 대한 이해도

표 2		LEGO Group과 장난감 제조업체 측면의 2000년대 초반 CCDIV
핵심영역		주요 환경 변화
Customer	고객	• 전자상거래 활성화와 글로벌 유통매장의 확대로 구매경로의 다양화 • 소셜미디어, 블로그 등의 적극 활용, 고객의 리뷰 및 상호작용에 의한 시장 주도
Competition	경쟁	• 오프라인 매장에서 온라인 매장으로 판매 채널 변화, 글로벌 유통업의 발전으로 유통업의 파워가 더욱 강해지는 현상 발생 • (대칭경쟁) 블록 관련 특허가 만료되면서 유사 제품 간 경쟁 심화(장난감 업계 간 경쟁 심화) • (비대칭경쟁) 인터넷과 비디오 게임의 등장으로 장난감업계뿐만 아니라 대체 미디어 산업과의 경쟁 심화
Data	데이터	• 직매장보다는 전세계 대형 유통매장을 통해 제품이 판매되어 고객 데이터에 대한 직접적인 접근이 곤란
Innovation	혁신	• 기존 방식대로 기존 고객군을 대상으로 한 최종 완성 제품에 초점을 맞춘 방식 주도 • 새로운 제품 라인업 확대 및 테마파크, 의류, 비디오 게임 등 타 분야로의 제품 라인업 확대
Value	가치	• 재미 요소라는 업계에서 정의된 가치를 기반으로 제품 다양성, 제품 구매의 용이성, 가격 등의 현재의 가치 제안에 초점을 맞춘 방식 주도

가 떨어짐으로써 장난업계 전체의 매출액과 순이익이 감소되었고 이는 장난업계 전체의 위기의식으로 이어지고 있었다.

3) DT 스토리

LEGO Group은 주요 컨설팅 그룹에서 제시한 디지털 전략 프레임워크 또는 디지털 트랜스포메이션 경로의 전형적인 두 측면(운영 또는 공급 측면과 고객 또는 수요 측면)에 대해 시간차를 두고 디지털 트랜스포메이션 전략을 추진하였다. 파산 위기에 처한 LEGO는 우선 비즈니스 모델의 무대 뒤를 개선하는 데 집중한 다음 고객 중심의 가치 창출로 나아갔다.

종합하면 최근 몇 년간 LEGO Group이 구현한 주요 디지털 트랜스포메이션 활동은 운영 측면의 마케팅과 기업 플랫폼 관점, 고객 측면의 제품 관점의 세 가지 핵심 영역으로 정리가 가능하다.

운영 또는 공급 측면에서 LEGO는 구조 조정을 시작으로 운영 측면의 디지털화를 추진하여 운영 효율성의 최적화 및 혁신 문화를 만들어 냈다. 또한 기업 운영의 모든 측면에 디지털 기술을 적극 활용할 수 있도록 기업 IT 조직을 재구성하고, 기업 차원의 디지털 인력과 디지털 업무 환경을 구축함으로써 기업 차원의 IT 플랫폼을 강화하였다. 마케팅 차원에서는 고객 구매 경로를 고려한 옴니채널 마케팅과 LEGO 커뮤니티를 통한 고객 상호작용 강화, 디지털 자산의 글로벌화를 추진하였다.

수요 또는 고객 측면에서 제품에 대한 물리적인 놀이와 디지털적인 놀이를 결합하여 고객에게 온오프라인을 넘나들며 블록 시스템을 경험할 수 있도록 하였다. 또한, 고객이 웹 기반 3D 디자인 도구를 사용, 자신만의 디자인을 제작할 수 있도록 디지털 디자이너 서비스를 제공하고, 크라우드소싱 및 LEGO 커뮤니티 플랫폼 개발을 통해 고객 참여 기반의 제품/서비스 개선 및 개발을 추진하였다.

표 3	LEGO Group의 주요 디지털 트랜스포메이션 방향	
구분		**주요 디지털 트랜스포메이션 방향**
Operation 측면	마케팅 관련 디지털 트랜스포메이션	• 옴니채널 마케팅 • LEGO 커뮤니티를 통한 디지털 참여 증대 • 디지털 자산의 글로벌화
	기업 차원의 플랫폼 관련 디지털 트랜스포메이션	• IT 부서에서 디지털 인력과 디지털 업무 환경을 구축하는 기업 차원의 IT 플랫폼 강화 • 비즈니스 응답성을 높이기 위한 기업 IT 조직의 재구성
Value Creation 측면	제품 관련 디지털 트랜스포메이션	• 제품에 대한 물리적인 놀이와 디지털적인 놀이를 결합 • 크라우드소싱 및 LEGO 커뮤니티 플랫폼 개발

출처: Thibaut Wautelet (2017) 재구성.

(1) Operation 측면

LEGO Group은 비즈니스 모델(캔버스)의 무대 뒤쪽에 있는 활동을 능률화하여 더 적은 자원으로 더 나은 결과를 도출할 수 있도록 하였다. 회사는 제품의 다양화로 높아진 운영의 복잡성과 위험성을 줄이기 위해 프로세스 및 작업의 간소화를 위해 노력했다. 특히 비용이 많이 드는 LEGO 블록을 제거하여 LEGO 블록의 수를 줄이고 블록의 표준 설계에 중점을 두어 작업을 보다 시장 동향에 신속하게 대응할 수 있도록 개선하였다. 또한, LEGO 는 수익성이 없는 LEGO 브랜드 제품을 과감히 제외하고 주요한 제품 위주로 제품 라인업을 재구성하였다. 그리고 LEGO Group 내 데이터 공유를 향상시키기 위해 2004년 Enterprise IT 시스템을 재구성하였다. 회사는 복잡한 사용자 인터페이스를 친숙하고 직관적인 사용자 인터페이스로 대체하고 직원이 필요한 정보에 빠르게 엑세스할 수 있도록 하였다.

LEGO Group은 디지털 기술의 중요성을 인식하고 전통적으로 지원 기능에 머물러 있던 IT 기능을 제품 생태계 및 마케팅을 위한 모든 디지털화 작업에 핵심 기능으로 재정의함으로써 IT 조직을 재구성하고 디지털 역량을 높이기 위한 노력을 감행하였다. 그래서 기업은 IT 부서를 비즈니스 활성화, 마케팅, 운영 등 비즈니스와 직접적으로 매우 긴밀하게 협력하는 기능과 동등한 위치로 격상시켰다. 또한 디지털 트랜스포메이션 추진을 위해 IT 조직의 인력을 기존 100명에서 600명 이상으로 확대했으며 외부 파트너와의 개방적인 혁신 및 협력을 강화해 왔다.

또한 LEGO Group은 소셜미디어, 웹사이트 및 LEGO 커뮤니티 플랫폼을 통해 고객 커뮤니티와의 소통 및 상호작용을 강화함으로써 디지털 기반의 마케팅 활동을 적극 추진하였다. 회사는 디지털 기술을 활용하여 다양한 고객 세그먼트를 참여시키고 브랜드 선호도를 높이며 고객 경험을 향상시킴으로써 고객 만족도와 충성도를 높여 매출을 증가시켰다.

디지털 시대에는 고객이 접근할 수 있는 다양한 채널이 존재한다. 이로 인해 고객은 자신의 요구를 충족시킬 수 있는 방식이나 경로가 훨씬 다양해지기를 희망한다. 기업은 고객들이 어떠한 채널을 통해 제품을 인지하고 구매하게 되는지, 즉 고객 구매 여정에 대한 깊이 있는 이해를 가지고 그에 걸맞은 채널 전략을 구사할 필요가 있다. 그래서 LEGO Group은 브랜드 인지도와 고객 참여를 높이고 고객 경험을 향상시키기 위해 다양한 디지털 채널의 사용을 강화하고 기존의 물리적 채널과의 통합을 진행하는 옴니채널 기반의 마케팅 전략을 구사하여 좋은 성과를 창출했다.

LEGO Group은 고객과의 관계 강화를 위해 어린 자녀부터 어른까지 각 고객 세그먼트별로 커뮤니티 플랫폼을 개발하고 참여 문화를 유지하기 위해 상당한 자원을 투자해 왔다. 회사는 고객을 6단계로 구분하고 그에 맞는 적합한 상호작용 전략을 제시한 친화력 피라미드 참여 맵(Affinity Pyramid Engagement Map)을 수립하였다. 피라미드의 윗 단계로 올라갈수록 양방향 대화를 통해 더 효과적으로 고객과 공동작업을 수행할 수 있고 더 나은 부가가치를 창출할 수 있다. LEGO Group은 이를 기반으로 더 많은 고객이 디지털 참여를 통해 친화력 피라미드의 윗 단계로 올라갈 수 있도록 각 고

표 4	LEGO Group의 옴니채널 목록
구분	채널
물리적 채널	• LEGOLAND 공원 • LEGOLAND 디스커버리 센터 • LEGO 직매장
디지털 채널	• 소셜미디어 • 회사 웹사이트 • 팬 그룹을 위해 설계된 전용 웹사이트 • 트레일러 온라인 게임 내에서 새로운 캐릭터를 중심으로 팬과 소통하는 대화형 스토리 텔링 • 증강현실 제품 카달로그

출처: Thibaut Wautelet (2017) 재구성.

객군별로 특화된 마이크로 마케팅 전략을 추진하였다. 또한 기업은 고객이 웹에서 실시간으로 자신의 경험을 평가할 수 있도록 Net Promoter Score 기능을 제공하고 이를 통해 지속적으로 고객 경험을 측정, 개선해 왔다.

또한 LEGO Group은 Chima나 Ninjago와 같은 캐릭터와 프랜차이즈에 대한 지적재산권을 지속적으로 확대해 왔다. 또한 물리적 및 디지털 방식의 놀이가 결합되면서 디지털 자산의 수가 증가되어 왔다. 그래서 LEGO Group은 디지털 자산을 세계화하고 규모와 범위의 경제를 활용하기 위해 글로벌 거버넌스를 수립하고 그에 따른 새로운 차원의 마케팅 디지털화를 추진했다.

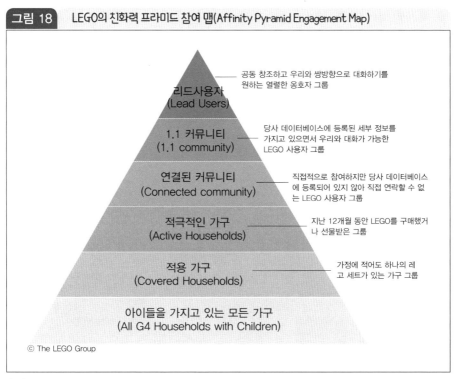

그림 18 LEGO의 친화력 프라미드 참여 맵(Affinity Pyramid Engagement Map)

출처: LEGO Group.

(2) Value 측면

LEGO Group은 핵심 비즈니스인 블록에 계속 초점을 맞추면서 물리적 세계와 디지털 세계의 결합에 주력해 왔다. LEGO는 LEGO Life, LEGO Fusions, LEGO Dimensions 등의 하이브리드 제품을 계속 늘려왔으며 이러한 노력은 앞으로 더욱 강화될 것으로 예상된다.

2011년 디지털 및 물리적 놀이가 결합된 최초의 제품인 George of LEGO Life가 출시되어 사용자가 실제 놀이 경험을 인터넷에 공유할 수 있는 장을 마련하였다. 이 앱을 통해 고객은 디지털 공간에서 게임으로 스캔한 디자인을 물리적으로 직접 만들 수 있었다. 이어 2013년에 LEGO Fusions, 2015년에 LEGO Dimensions이 출시되었으며 이 제품들은 가상 게임과 물리적인 블록 놀이 간 결합을 더욱 강화시켜 고객에게 더 나은 가치를 제공했다. 또한 LEGO Boost를 출시하여 아이들에게 자신의 창작물에 생명을 불어넣을 수 있도록 하였다. LEGO Boost 키트는 센서, 모터 및 코드 작성을 도와주는 안내용 앱(companion app)이 포함되어 있어 물리적 제품에 대한 안내를 디지털 채널로 제공해서, 사용자가 스스로 창작물을 프로그래밍할 수 있도록 한 제품이다. 이러한 하이브리드 제품은 LEGO 제품에 대한 고객 경험을 지속적으로 향상시키고 LEGO를 장난감 제조업체에서 더 나아

| 그림 19 | LEGO Life |

출처: https://digit.hbs.org/submission/legos-still-the-apple-of-toys/

가 장난감을 살아 움직이는 사물로 만들어내는 회사(toys-to-life manufacturer)라는 독특한 차별성을 보유한 기업으로 거듭나게 했다.

또한 LEGO Group은 디지털 시대의 고객 특성을 파악하여 고객을 제품 개발에 적극 참여시키고 회사를 열렬히 지지해주는 팬 커뮤니티를 운영하는 데 디지털 기술을 적극 활용하였다. 그래서 LEGO Group은 1998년 LEGO MINDSTORMS2의 출시를 계기로 LEGO 대규모 팬 커뮤니티와의 관계를 강화하고 열정적인 사용자가 새로운 제품의 개발 및 설계 프로세스에 참여할 수 있도록 다양한 디지털 플랫폼을 출시하여 운영하고 있다. 이를 통해 LEGO Group은 수천명의 제품 사용자들의 지식과 열정을 기반으로 장기적으로 고정 비용을 늘리지 않으면서도 혁신적인 제품 및 서비스 생산/개선을 위한 플랫폼 기반의 혁신 프로세스를 정립할 수 있었다.

기업은 사용자의 제품 디자인 아이디어를 수집·공유하고 고객의 의견을 청취할 수 있는 고객 참여형 플랫폼으로서 LEGO Ideas를 2008년에 오

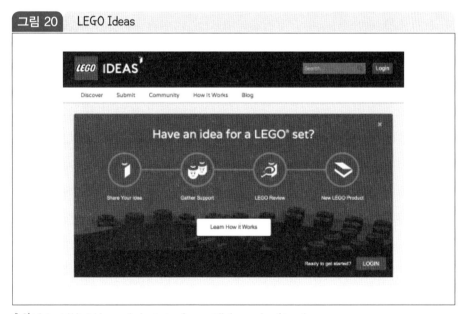

그림 20 LEGO Ideas

출처: https://digit.hbs.org/submission/legos-still-the-apple-of-toys/

| 그림 21 | LEGO 비디오 게임

출처: https://digit.hbs.org/submission/legos-still-the-apple-of-toys/

픈하였다. 이 플랫폼을 통해 LEGO 사용자는 자신만의 LEGO 디자인을 만들거나 다른 사람이 제안한 디자인에 자신의 의견을 피력할 수 있다. 이 플랫폼을 통해 제안한 디자인이 선택되면 그 디자인은 제작자와 협력하여 시장에 출시되고 그 제안자는 그 제품 순매출액의 1%를 인센티브로 받게 된다. The Big Bang Theory Apartment가 이 플랫폼을 통해 도출된 아이디어로 제작된 대표적인 제품이다. 또한 LEGO는 강력한 온라인 지지층을 보유하게 됐을 뿐만 아니라 이 플랫폼을 회사의 혁신을 이끄는 원동력으로 활용함으로써 지속가능한 성장을 구가할 수 있었다.

LEGO Group은 LEGO Dimensions라는 브랜드를 통해 Warner Animation 및 Warner Bros와 파트너십을 맺고 LEGO의 캐릭터와 스토리를 주제로 한 애니메이션 제작 및 액션/어드벤처 비디오 게임 시장에 진출하였다. 구체적으로 LEGO Group은 4억 6천만 달러의 글로벌 블록버스터 영화를 제작하고 Playstation, Wii 및 Xbox 등의 콘솔과 호환이 가능한 비디오 게임을 출시하였다. 이를 통해 회사는 영화 및 게임을 통한 매출의 다변화, 브랜드 선호도 향상뿐만 아니라 영화 및 게임과 관련한 LEGO 세트 판매를 높이는 시너지를 발휘할 수 있었다. 또한, LEGO는 블록 시장에서 소외되었던 여아 대상으로 새로운 제품을 개발하고 신흥 국가로 그 적용 대상을 확장하는 등 새로운 시장 확대를 위한 노력을 이어갔다.

4) Business Model

(1) DT 이전 비즈니스 모델

LEGO Group은 디지털 트랜스포메이션 이전에 LEGO 블록 장난감과 LEGO의 브랜드를 활용한 의류, 가방, 캐릭터 등의 제품, LEGO 캐릭터를 활용한 TV 시리즈물 등을 주요 제품군으로 갖는 전형적인 장난감업계의 비즈니스 모델을 가지고 있었다. 2000년대 초반 위기에 직면하기 전까지 가능한 한 오랫동안 장난감업계의 어린이를 대상으로 하는 재미있는 제품의 다양성을 제공함으로써 다른 장난감업체보다 우위를 점하기 위해 노력해 왔다. LEGO는 다른 장난감과는 달리 '블록'이라는 요소를 활용, 제품의 호환성 및 확장성을 제공해줌으로써 LEGO 제품에 대한 Lock-in 효과 및 부모에게는 교육 효과에 대한 환상을 심어줄 수 있었다. 또한, '블록'에 대한 특허를 보유함으로써 특허가 만료되어 다른 기업들이 유사한 제품을 선보이기 전까지 시장에서 독보적인 위치를 차지할 수 있었다.

LEGO는 대중 시장의 불특정 어린이와 부모를 대상으로 브로드캐스팅 기반의 마케팅을 추진했으며, 장난감전문점이나 유통매장을 통해 제품을 판매하였다. 그러므로 LEGO Group의 매출 흐름은 대부분 제품판매액에서 나왔다. LEGO Group의 핵심활동은 보유한 독특한 시리즈물의 다변화를 위한 R&D 및 생산 최적화, 마케팅 등이며 이를 뒷받침하기 위한 비용이 전체 비용 구조의 대부분을 차지하였다. LEGO Group의 다양한 제품 라인을

그림 22   디지털 트랜스포메이션 이전 LEGO의 BMC

KP	KA	VP	CR	CS
• 부품/자재 공급자 • 유통채널	• R&D • 생산 • 마케팅 **KR** • 브랜드(시리즈) • 제품 • 특허	• 재미 • 다양성 • 호환성/확장성 • 교육효과	• 대중 시장 • 인지도 상승 **CH** • 장난감전문점 • 유통매장 • TV(시리즈물)	• 어린이 • 부모

CS	RS
• R&D비용 • 생산비용 • 홍보비용	• 제품매출액

생산하고 유통하기 위해 부품/자재 공급자와 유통채널이 핵심 파트너사로 관리되어 왔다.

(2) DT 이후 비즈니스 모델

2004년 파산 위기에서 디지털 트랜스포메이션을 통해 기사회생한 LEGO Group은 철저히 디지털 시대의 기회를 활용하여 비즈니스 모델 전반을 혁신하였다. LEGO Group은 디지털 트랜스포메이션 시대에 고객의 중요성을 인식하고 고객과의 소통 및 상호작용을 극대화할 수 있는 커뮤니티 플랫폼을 구축하고 기업 운영 전반에 IT 플랫폼을 구축하였다. LEGO는 기존 물리적 공간에서의 장난감에 대한 재미 요소, 다양성, 블록이라는 호환성/확장성 및 교육효과의 가치를 디지털 세계와 결합함으로써 고객이 느끼는 제품이나 서비스에 대한 매력도를 증폭시켜 충성도 기반의 독특한 고객 경험을 제공하고 있다. 또한 막연한 대중 시장의 고객을 위한 마케팅이

그림 23　　디지털 트랜스포메이션 이후 LEGO의 BMC

KP	KA	VP	CR	CS
• 고객 커뮤니티 • 미디어회사 • 프랜차이즈 • IT파트너사	• IT/디지털화 • 고객/파트너와의 협력	• 온오프라인을 연결하는 고객경험 • 참여/공동작업	• 충성도 • 참여, 공동작업	• 6단계 고객군
	KR • 라이센스 • 캐릭터 • 데이터 • 플랫폼 • 고객 커뮤니티		**CH** • 물리적채널 • 디지털채널 • 고객참여 플랫폼	

CS	RS
• 플랫폼 구축/운영/유지관리비	• 라이센스 • 제품판매액 • 영화, 비디오게임 등 수수료

나 제품 개발에서 벗어나 네트워크화된 고객의 참여 및 공동작업을 극대화할 수 있도록 LEGO 커뮤니티 플랫폼을 구축하고 그 플랫폼이 성공적으로 운영될 수 있도록 심혈을 기울이고 있다. 제품을 단순히 구매하는 고객 또는 잠재 고객을 대상으로 한 고객 세그먼트에서 벗어나 충성도 기반의 고객 참여 및 공동작업을 이끌어내기 위해 친화력 피라미드 참여 맵 기반의 6단계로 고객을 구분하여 관리하고 있다.

LEGO Group은 제품 생산 위주의 제조업체에서 나아가 디지털 세계와의 접목을 통해 장난감을 살아 움직이게 만드는 디지털 역량을 갖춘 제조업체로 탈바꿈하였다. LEGO의 핵심자산은 성공한 시리즈의 캐릭터뿐만 아니라 플랫폼, 데이터, 고객 커뮤니티 등의 디지털 자산을 포함한다. 또한, 핵심 활동으로는 전형적인 제조업체로서의 R&D, 생산, 마케팅보다 IT 플랫폼 기반의 비즈니스 운영과 고객참여플랫폼 기반의 고객 상호작용을 들 수 있다. 그러므로 주요 매출흐름은 제품판매액뿐만 아니라 모바일/인터넷 게임, 영화 등의 캐릭터 라이센스 및 수수료가 포함된다. 또한, 주요 비용흐름에 R&D, 생산, 홍보비용뿐만 아니라 플랫폼 구축/운영/유지관리비가 포함된다.

5) Performance

2004년부터 진행된 다양한 디지털 트랜스포메이션 전략을 통해 LEGO Group은 2016년까지 성장을 지속하여 장난감계의 Apple(Toys of Apple)이라는 명성을 얻었다. LEGO Group은 파산 직전인 2003년 10억 달러 매출에 2억 2,800만 달러 영업 손실을 기록하였으나, 2013년에는 45억 달러 매출에 15억 달러 영업 이익을 달성하였다. 연간 매출액 및 영업이익의 성장세를 살펴보면 구조 조정과 디지털화 노력을 시작한 2004년 이후부터 꾸준히 매출 및 순이익이 증가한 것을 알 수 있다. 또한 이러한 성장세에 힘입어 2011년 Mattel, Bandai-Namco, Hasbro에 이은 4위 장난감 제조회사에서 현재는 Bandai-Namco와 Hasbro를 제치고 전세계 2위의 장난감 회사로 성장하였다.

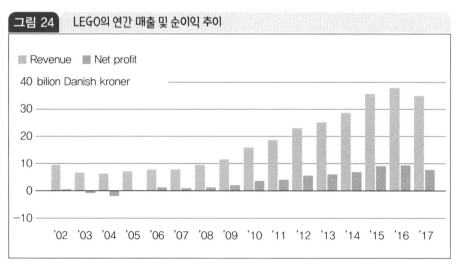

그림 24 LEGO의 연간 매출 및 순이익 추이

출처: ATLAS, https://www.theatlas.com/charts/SJ5Xu0i_G

그러나 2017년부터 매출 감소가 이어지면서 LEGO Group은 2017년 9월 구조조정 계획을 발표하였다. LEGO가 최근의 위기를 어떻게 극복할 수 있을지는 알 수 없으나, 그 간의 LEGO의 디지털 트랜스포메이션 전략은 내부적으로 디지털 역량을 강화하고 물리적 실체와 디지털 경험을 혼합하여 고객에게 더 많은 가치를 제공하고 고객 커뮤니티 플랫폼을 운영, 충성도 높은 고객과의 상호작용을 통해 제품 및 서비스 혁신을 이끌 수 있었던 것은 틀림없는 사실이다.

6) 제언

2004년 파산 직전에서 장난감 업계의 Apple로 살아난 LEGO의 눈에 띄는 디지털 트랜스포메이션 전략 중 하나는 디지털 채널을 통한 고객과의 관계 강화이다. 기존 대중 마켓을 대상으로 한 브로드캐스팅 방식의 고객 관계에서 벗어나 고객의 채널 사용 스타일 및 참여 욕구 등을 반영, 고객 관리를 철저히 친화력을 기반으로 한 6단계 고객군별로 나누어 마이크로 마케팅 전략을 추진하였다. 또한 어린이뿐만 아니라 어린시절의 추억을 가지고 있는 어른들을 위해 다양한 커뮤니티 플랫폼을 개발하고 참여를 독려하였다. 이 플랫폼을 통해 고객의 충성도 확보뿐만 아니라 고객과의 공동작업을 통해 The Big Bang Theory Apartment와 같은 새로운 제품도 론칭함으로써 진정한 고객과의 공동작업이 가능해졌다.

LEGO Group뿐만 아니라 많은 기업에서 고객 참여를 독려하고 공동작업을 수행할 수 있는 플랫폼을 구축하여 오픈한 바 있다. 그러나 LEGO처럼 성공한 플랫폼으로서 성장한 사례는 많지 않다. 왜 그럴까?

플랫폼을 물리적 혹은 시스템적으로 구축하는 것은 어렵지 않다. 이미 세상에는 성공한 플랫폼 비즈니스가 많다. 그러나 성공한 플랫폼을 그대로 답습하여 구축한다고 해서 자연히 고객들이 찾아와 그들의 관심사를 표명하고 네트워크를 만들고 상호작용을 하지 않는다. 고객이 자신들이 편한 플랫폼이나 온라인 채널이 아닌 새롭게 생긴 심지어 기업에 존속되어 있는 플랫폼에 지속적으로 접속하도록 유도하기 위해서는 기업 차원의 많은 노력이 필요하다. 쿠폰이나 이벤트 등으로 단순히 방문자수를 늘리는 것은 그리 어렵지 않다. 그러나 고객들이 스스로 찾아와서 자신의 의견을 피력하는 등의 상호작용을 즐겁게 생각하도록 하기 위해서는 플랫폼 운영에 대한 근본적인 이해와 플랫폼 운영을 위한 기업 경영진의 전폭적인 지지가 있어야 한다.

LEGO는 고객과의 소통 및 상호작용을 강화하기 위해서 그룹 차원의 친화력 피라미드 참여 맵(Affinity Pyramid Engagement Map)을 수립하여 고객이 피라미드 참여 맵의 윗 단계로 올라갈 수 있도록 특화된 옴니채널 전략을 구사했다. 또한, LEGO의 열렬한 지지자들의 네트워크를 지원하기 위해 디지털 플랫폼을 구축하였다. LEGO는 플랫폼의 단순한 구축에 머무르지 않고 고객들이 제품 개선이나 신규 개발을 위한 아이디어를 공유할 수 있도록 고객 아이디어 채택 프로세스 정립, 고객 인터페이스 개선, 리워드 제공, 아이디어 진행 상황 공개 등의 노력을 지속함으로써 진정한 플랫폼으로서 거듭날 수 있었다.

디지털 시대에서 네트워크화된 고객의 파워를 모르는 사람들은 거의 없을 것이다. 그러나 이러한 변화된 고객을 나의 열렬한 지지자로 만들어 회사 부가가치 창출의 원동력으로 활용하기는 쉽지 않다. 제일 먼저 할 일은 무늬만 플랫폼인 웹사이트를 만드는 것이 아니라 나의 고객이 누구인지 그리고 그들의 요구는 어떻게 바뀌고 있는지, 그리고 근본적으로 나는 그 고객들을 위해 어떠한 가치를 제공하고 있는지를 철저히 리뷰하여 자신만의 고객 네트워크를 만들기 위한 전략을 수립하는 것이 필요하다.

나. 포드

1) History

1903년 Henry Ford에 의해 설립된 Ford Motor Company(이하 "Ford")는 2017년 기준 전 세계에서 약 660만대의 자동차를 판매하고 약 22만 명의 직원을 보유[13]한 미시건 주 디어본에 본사를 둔 글로벌 제6위의 자동차 제조업체이다. Ford는 승용차, 트럭, SUV, 전기 자동차 및 링컨 고급 차량의 전체 제품군을 설계, 제조, 판매 및 서비스하고 있으며, Ford Motor Credit Company를 통해 금융 서비스를 제공하고, 전기차, 자율주행차 및 모빌리티 솔루션 분야의 리더십 위치를 구축하기 위해 노력하고 있다. 이 장에서는 스스로 자동차 제조업체로서의 시대가 끝났음을 알리고 디지털 트랜스포메이션을 통해 모빌리티 모든 측면을 다루는 회사로 탈바꿈하기 위해 노력하고 있는 Ford의 디지털 트랜스포메이션 사례를 소개하고자 한다.

현재 글로벌 선두그룹으로서의 입지와는 달리 Ford는 2006년 회사채가 정크 상태로 낮아지고 파산에 대한 의문이 제기될 정도로 위기에 처했었다. 그러나 Ford는 "One Ford" 이니셔티브를 기반으로 자율주행 기술, 전기자동차 및 운송 서비스 분야에서 큰 성공을 거두면서 그 위기를 극복하고 새로운 시대를 이끌어왔다. 또한 제조회사에서 벗어나 많은 사람들이 자동차를 사용할 수 있도록 모빌리티 전 분야로 사업 영역을 확대하면서 차량 공유 서비스를 론칭하는 등 새로운 사업 기회를 창출하고 있다. Ford는 차량 판매에 집중되어 있던 기존 비즈니스 모델을 전기자동차 및 자율주행차를 고려한 모빌리티 전반의 생태계로 확장하면서 본질적으로 디지털 기술 기반의 서비스 기업으로 거듭나고 있다. 그 노력의 일환으로 2015년 CES에

---

13 박종관(2018.2.11.), 현대 · 기아차 작년 글로벌 판매 '아슬아슬 5위', 한국경제, http://news.hankyung.com/article/2018021116441

서 Ford Smart Mobility Plan을 발표했다. 이 계획에는 연결성, 이동성, 자율주행, 고객 경험 및 빅데이터 분야 관련 25가지 혁신적인 실험이 포함되어 있다.

Ford는 2015~2016년 기록적인 이익을 만들어냈음에도 불구하고 전세계적인 자동차 산업의 불황과 디지털 시대로의 가속화에 선제적으로 대응하기 위해 2017년 전세계 직원의 10% 가량을 줄이는 대규모 인력 감축계획 발표와 함께 새로운 CEO로 Ford의 자회사인 Smart Mobility 대표였던 James Hackett를 선임하였다. CEO 교체는 디지털 시대에 Ford의 디지털트랜스포메이션 전략 추진을 위한 강한 의지로 해석이 가능하다. Ford 회장 Bill Ford는 CEO 교체 배경으로 로봇, 인공지능 등의 디지털 기술이 회사의 핵심을 변화시킬 것이고 이를 선제적으로 대응하기 위해 비즈니스 전체에서 트랜스포메이션을 가속화하기 위한 Ford의 노력이라고 강조한 바 있다.

Ford는 과거 경험한 적이 없는 시대에 돌입한 것을 인식, 이 시대에 필요한 변혁 리더로서의 역할을 수행하고 기존 자동차 회사와의 경쟁뿐만 아니라 Google, Apple, Tesla 등 IT 기업과의 경쟁과 새롭게 등장하는 파괴적 혁신 기업들과의 경쟁에서 살아남기 위해 대규모의 디지털 트랜스포메이션을 추진 중에 있다. 이러한 노력으로 Ford는 2009년 턴어라운드하여 견조한 성장세를 이어가고 있다.

2) Challenge

디지털화는 새로운 주체들의 산업에 대한 진입장벽을 낮추고 기존 기업의 비즈니스 모델을 위험에 빠뜨리고 있다. 자동차 산업도 예외가 아니다. 최근 들어 전기자동차와 자율주행차가 확산되고 SW의 중요성이 높아짐에 따라 Google, Apple, Microsoft와 같은 IT회사가 자동차 산업으로 진입하거나 Tesla와 같은 신규 회사가 나타나고 있다. 또한 3D 프린팅에서 사물인터넷, 인공지능, 로봇에 이르기까지 광범위한 디지털 기술이 자동차 산업의 주요 가치사슬 영역들을 변화시키고 있다. 이렇게 디지털화가 자동차 산업의 경쟁 구도를 바꾸고 주요 가치사슬 간의 관계를 재정립하면서 자동차 제조업체의 디지털 트랜스포메이션 노력의 필요성이 강조되고 있다. 또한 도시화 및 중산층 증가, 글로벌화, 환경오염 악화, 고객 요구사항 변경 등의 사회·경제적 측면의 변화가 기술적인 측면의 변화와 맞물리면서 그 변화를 가속화시키고 있다.

고객은 이미 디지털 환경에 친숙해지고 인터넷, 소셜미디어, 스마트폰을 적극 활용하여 자동차 브랜드를 인지/구매/관리하고 있다. 또한 Uber와 같은 공유서비스의 확대와 저성장 기조의 유지로 젊은 층을 중심으로 자동차에 대한 소유 욕구가 떨어지고, 필요할 때 적당한 이동 수단을 확보하는 쪽으로 관심이 늘어나고 있다.

경쟁 측면에서는 기존 자동차 업계 내에서의 경쟁 심화 및 전기차, 자율주행차로의 자동차 패러다임 전환, 카쉐어링 등 공유서비스 확대 등으로 자동차 업계 내 경쟁 구도에 많은 변화가 진행되고 있다. 그러나 그 변화는 그리 오래된 것이 아니다. Ford가 파산에 대한 의문이 제기되었던 2006년 시점에는 인터넷 및 스마트폰의 저변이 확대되어 개인의 삶이나 기업 및 정부 부분의 디지털화가 가속화되고 있던 시점이었다. 그러나 자동차업계는 중국 자동차업계의 급성장[14]으로 엔진 기반의 자동차 브랜드 간 경쟁이 심화되어 신규 제품 개발 및 생산효율화를 위한 노력에 열을 올리고 있던 상황이었다. 그 당시 Tesla는 2003년 설립 이후 스타트업으로서 전기차 기반의 스포츠카라는 니치 마켓에 집중하고, 스케일 업을 위한 자금 조달을 위해

---

14 중국은 2006년 일본을 제치고 세계에서 두 번째로 큰 자동차 생산국이 되었으며, 2008년은 미국도 제체 세계 최고의 자동차 제조국으로 성장하였다. (출처) Sputnik International, China becomes world's largest car market, 2009.4.28., https://sputniknews.com/world/20090206120007709/

노력 중이었던 상황으로, 기존 자동차 브랜드가 Tesla를 중요한 잠재 경쟁자 또는 시장 파괴자로서 크게 고려하지 않았던 상황이었다. 그러나 2006년 이후 최근까지 세상은 디지털 시대로 급속히 빨려 들어가 4차 산업혁명 시대를 논하고 있으며 미처 깨닫지 못하는 사이에 새로운 비대칭 경쟁자들이 자동차 업계의 시장을 서서히 또는 빠르게 변화시키고 있다.

자동차업계는 센서 활용이 높아 데이터 측면에서 새로운 기회를 맞이하고 있다. 기존 자동차 내에도 구동부, 안전 및 편의성을 목적으로 다양한 종류의 센서가 사용되고 있다. 자율주행차의 경우는 카메라, 레이더, 라이다 등의 센서가 더 많이 사용될 것으로 예상된다. 자동차 업계는 자동차 내 많은 센서로부터 수집된 데이터와 날씨, 운전자 및 동승자 데이터의 융합을 통해 많은 의미있는 통찰 및 가치를 만들어 낼 수 있다. Ford도 2015년에 발표된 Ford Smart Mobility Plan 내 25개 실험을 통해 고객, 주차, 공유, 발렛 등의 자동차와 관련된 통찰력을 파악하고자 노력하고 있으며, 보험, 헬스케어 등 타 분야와의 접목이나 자전거 등 기타 운송수단 등으로 사업 영역을 확장함으로써 고객에게 더 나은 부가서비스를 제공하기 위해 노력하고 있다. 앞에서도 언급했듯이 고객은 자동차 딜러나 직매장 등 기존 자동차 판매채널과 달리 소셜미디어, 블로그, 카페 등을 통해 자동차를 구매하고 공유하는 고객 구매 여정으로 옮겨가고 있다. 고객의 요구사항 변화를 탐지하고 고객에게 더 나은 부가가치를 창출하기 위해 고객에 대한 브랜드에 대한 감정, 태도, 성향 등의 데이터 확보가 필요하며 그 데이터 원천으로 매일 수십억명이 사람들이 소통하고 있는 소셜미디어를 적극 활용할 필요가 있다.

혁신 측면에서 자동차 업계는 많은 도전을 받고 있다. 신규 자동차를 론칭하기 위해서는 수년의 제품개발 프로세스를 거쳐야 한다. 그러나 고객의 변하는 요구사항과 자동차 산업을 넘나드는 유동화된 경쟁 때문에 기존 혁신 방식대로 수년의 기간을 소요하는 프로세스를 그대로 사용하기에 리스크가 크다. 또한 제조보다는 디지털 역량이 부족한 자동차 회사가 데이터

표 5	Ford와 자동차 제조업체 측면의 CCDIV	
핵심영역		**주요 환경 변화**
Customer	고객	• 디지털 환경에 친숙, 인터넷, 소셜미디어, 스마트폰을 적극 활용함으로써 자동차 구매 방식에 변화 주도 • 젊은 층을 중심으로 자동차에 대한 소유 욕구가 떨어지고 필요할 때 적당한 이동 수단을 확보하는 것에 대한 관심 증대
Competition	경쟁	• 자동차 브랜드 간 경쟁 심화와 함께 엔진기반 자동차에서 전기차, 자율주행차로 자동차 시장의 패러다임이 전환되고 카쉐어링 등 공유 서비스 증대로 비대칭경쟁 시장 확대 • (대칭경쟁) 글로벌 자동차 업계의 성장 정체와 중국 자동차업계의 급성장으로 자동차 제조업체 간 경쟁 심화 • (비대칭경쟁) 자동차에 IT요소가 강화되면서 자율주행차, 카쉐어링 등 모빌리티 전 분야에 걸쳐 IT 관련 기업뿐만 아니라 신규 기업 등장 가속화
Data	데이터	• 차량 내 수많은 센서로부터 엄청난 양의 데이터 확보 가능 • 고객에 대한 브랜드에 대한 감정, 태도, 성향 등의 데이터 확보를 위해 소셜미디어가 중요한 데이터 원천으로 각광
Innovation	혁신	• 기존 방식대로 최종 완성 제품에 초점을 맞춘 방식 주도 • 특히, 새로운 제품 개발을 위한 수년의 제품개발프로세스를 추진함에 따라 고객 요구사항 변화에 기민하게 대응하는 데 한계 존재
Value	가치	• 품질, 브랜드, 가격 등 공급자 중심의 가치 제공에서 최상의 고객 경험 제공, 고객 맞춤화 등으로 고객 가치 변화 시도

기반의 새로운 부가가치 서비스 및 신규 사업을 새롭게 론칭하기 위해 대규모 투자를 감행하는 것도 쉬운 일이 아니다. 그래서 자동차 업계는 기존 방식대로 최종 완성 제품에 초점을 맞춘 대규모의 예산 및 자원과 장시간이 소요되는 혁신 프로세스에서 벗어나 빠른 반복, 빠른 실패, 스마트한 지식 습득이 가능한 애자일 방식을 도입하기 위해 노력해야 한다.

이를 통해 자동차업계는 품질, 브랜드, 가격 등 공급자 중심의 가치 제공에서 벗어나 고객 중심 사고로의 전향을 통해 최상의 고객 경험 제공, 고객 맞춤화 등으로 고객 가치 변화를 시도해야 한다. 기존과 똑같은 방식의 기술 중심, 공급자 중심의 사고는 서서히 또는 급진적으로 시장을 잃게 되는 위험에 더 빨리 직면하게 할 것이다.

3) DT 스토리

Ford는 일찍이 디지털 기술이 가져올 기회와 메가트렌드를 고려하여 자동차 제조업체에서 벗어나 모빌리티 전반의 생태계를 고려하는 디지털 트랜스포메이션 전략을 추진해오고 있다. 2006년의 위기를 극복한 Ford는 현재 기존 자동차 제조업체로서의 입지뿐만 아니라 스마트 모빌리티 분야의 선두주자로서 새로운 비즈니스 기회를 확대하고 있다.

Ford는 최악의 손실(127억원 달러의 손실) 중 하나로 기록되는 2006년 위기가 왔을 때 기업 운영 측면의 구조조정에 대한 과감한 결정을 단행하였다. 이 결정은 메가트렌드에 대응할 수 있는 획기적인 프로젝트에 투자할 자원을 확보하기 위함이었다. One Ford 이니셔티브를 통해 Ford는 미래지향적인 기업으로 거듭날 수 있는 기반을 마련하였으며, Ford Smart Mobility와 Ford Autonomous Vehicles 기업을 설립하여 기존 엔진 기반의 자동차 제조회사에서 자율주행차와 전기차로의 자동차 제품 라인 패러다임 전환 및 모빌리티 생태계 전반으로의 서비스 영역 확대 등 기업 운영 전반을 대혁신하기 위한 노력을 진행하고 있다. 또한 최근 CEO 교체 이후 디지털 트랜스포메이션을 더욱 가속화하고 있다. 특히, 제조기업에서 디지털 역량을 확보한 첨단기술 기반의 기업으로 거듭나기 위해, 조직 운영의 기민성과 유연성, 디지털 역량 확보, 혁신 문화 창출 등을 위한 다각도의 노력을 병행하고 있다.

Ford는 고객 가치 측면에서 차량 내외 간의 연결성을 극대화함으로써 고객에게 운전과 관련한 최고의 고객 경험을 제공하기 위해 노력하고 있다. Ford는 업계 최고 수준의 엔터테인먼트 및 통신시스템인 Ford SYNC, 차량

통신 및 제어시스템인 SYNC Connect와 AppLink 등을 지속적으로 개선하여 연결성을 높이고 고객에게 스마트한 경험을 제공하고 있다. 또한 연결성에 편의성 및 재미 요소를 강화하기 위해 Amazon과의 협력을 통해 Alexa를 적용, 다양한 음성 서비스와 풍부한 엔터테인먼트 서비스를 확대하고 있다. 이는 향후 자율주행차를 위한 포석으로 볼 수 있다. 또한, Ford 팬을 위한 3D Store 및 참신한 모빌리티 지원 서비스를 제공하여 Ford에 대한 충성도를 높이고, 통근 셔틀 서비스 등 다양한 스마트 모빌리티 실험을 통해 모빌리티 분야로의 시장 확대 및 고객에 대한 통찰력, 빅데이터, IoT 등 디지털 기술역량을 확보하고 있다.

이를 통해 지속 가능한 도시에서 보다 지능화된 모빌리티를 제공하고자 2022년까지 40종의 새로운 전기차를 출시하고, 자율차량기술 개발을 선도하여, 10년간 리더십을 발휘하며 2020년까지 Ford 차량의 90%를 연결하기 위한 원대한 비전을 실현하기 위해 노력하고 있다.

표 6	Ford의 주요 디지털 트랜스포메이션 방향	
구분		주요 디지털 트랜스포메이션 방향
Operation 측면	기업 차원의 디지털 이니셔티브 수립	• The Way Forward 계획 • Ford Smart Mobility Plan
	외부 네트워크를 활용한 혁신 가속화	• Ford Smart Mobility LLC 설립 • Ford Autonomous Vehicles LLC 설립 • 연구 및 혁신 센터(Research and Innovation Center) 개소 • Chariot 인수, Motivate와 파트너십
Value Creation 측면	고객 경험 관련 디지털 트랜스포메이션	• 3D 프린터를 활용한 자신만의 Ford 차량 소유 경험 제공 • 차량 내에서 고객에게 최상의 스마트한 경험 제공 • 최상의 스마트 모빌리티 서비스 제공

(1) Operation 측면

Ford는 2006년 기업 운영 측면의 구조조정을 위한 The Way Forward 계획을 발표하였다. 이 계획에는 2006년 당시 시장 현실에 맞춰, 회사 규모를 조정하고, 수익성이 낮고 비효율적인 모델을 제거하며, 생산 라인을 통합할 뿐만 아니라 7개의 차량 조립 공장 및 7개 부품 공장을 폐쇄하는 내용이 포함되었다. Ford의 The Way Forward 계획의 주요 우선순위는 다음과 같다.

- 적극적인 구조 조정을 통해 현재의 수요 및 수익률 변화를 반영, 수익성 있게 운영
- 고객이 원하는 가치있는 신제품 개발 가속화
- 재무 계획 및 대차 대조표 개선
- 글로벌 팀으로서 한 팀과 같이 효과적으로 협력

The Way Forward 계획의 일환으로 진행된 "One Ford" 이니셔티브는 전세계적으로 흩어져 있는 운영 조직을 한 팀처럼 기민하고 유연성 있게 운영함으로써, 시대 변화에 적극적으로 대응할 수 있는 조직 운영 시스템과 문화를 정착시키기 위한 노력이었다. 2000년대 초반, Ford는 지역 비즈니스 센터 및 IT 관리 부서와의 느슨한 동맹을 구성하고, 2006년부터 단일 기업으로 그것들을 통합하는 조치를 취하기 시작했다. 그들은 회사의 제품 라인 단순화, 양적 데이터 및 품질 높은 차량에 집중하며 회사 전체를 통일한다는 목표를 향해 나아갔다. 또한 조각난 복잡한 레거시 시스템을 유지관리하고 확장 및 혁신하는 리소스를 확보하기 위해 IT 프론트 분야에서 예산을 30%나 대폭 삭감했다. 이를 통해 회사는 Ford SYNC와 MyFord Touch와 같은 획기적인 프로젝트에 투자할 수 있는 민첩성과 자본을 확보할 수 있었다.

Ford는 2015년 CES에서 전 세계 사람들의 이동성을 혁신하기 위한 Ford Smart Mobility Plan을 발표하였다. 변화하는 소비자 선호도에 대한 통찰력

을 얻기 위해 20개 이상의 글로벌 모빌리티 실험을 계획하여 수행하였다. 실험에는 운전자에게 주차가 가능한 곳으로 안내해주는 주차 예측 시스템을 구축하거나(GoPark), 주차가 보장된 자동차 공유 서비스를 제공하거나(GoDrive), 직원들과 방문객들이 필요에 따라 Point-to-Point 차량을 소환할 수 있는 Dynamic Shuttle 프로그램이 포함되었다. Ford는 스마트 모빌리티 확보를 위해 고객의 요구사항을 보다 잘 예측하는 것이 중요하다는 것을 인지하고 Smart Mobility Plan의 기초로 데이터 과학 및 분석 연구를 위한 지원을 늘려왔다. Ford는 IBM 등과의 협력을 통해 고객의 패턴, 상관관계 및 추세를 파악하고 10~15초의 작은 데이터를 수집, 분석하여 효율적인 실험이 이루어질 수 있도록 지원하고 있다.

Ford는 또한 Ford 내에서 진행 중이던 Smart Mobility 계획을 신생 기업처럼 경쟁하고 혁신할 수 있도록, 2016년 3월, 자회사로 Ford Smart Mobility LLC를 설립하였다. 이 회사는 Tesla와 Uber와 같은 디지털 기업과 경쟁하고 새로운 Mobility 서비스를 만들어 성장시키고 투자하는 데 중점을 두는 회사로, 연결성, 이동성, 자율차량, 고객 경험 및 데이터와 분석에서 적극적으로 신흥 기회를 추구함으로써 Ford의 비즈니스 모델 확장을 견인하고자 설립되었다.

Ford Smart Mobility Plan

2015년 Ford는 CES에서 자동차를 바퀴달린 스마트폰에 비유하고 전 세계 사람들이 직면하고 있는 모빌리티를 혁신하기 위한 Ford Smart Mobility Plan을 발표하였다. Ford는 이 계획에 포함된 25가지 혁신적인 실험을 통해 연결성, 이동성, 자율주행, 고객 경험 및 빅데이터 분야에서 다음 단계로 나아가는 구상을 제시하고 자동차 제조회사에서 자동차를 판매하는 기술회사로 거듭날 것을 표명하였다.

Ford의 Smart Mobility 첫 번째 단계는 북미 8곳, 유럽 9곳, 아프리카 9곳, 아시아 7곳, 남아메리카 1곳 등 총 25개의 글로벌 실험으로 시작되었다. 각 실험은 미래의 모빌리티 생태계에서 고객이 원하고 필요로 하는 것을 예상하도록 설계되었고 향후 10년 내에 운송 및 이동성의 완전히 새로운 모델로 이어질 것을 기대하며 실행되었다.

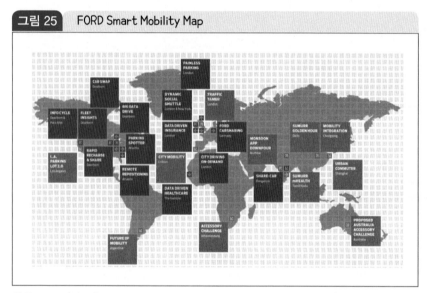

그림 25 FORD Smart Mobility Map

출처: Ford (2015).

25개의 실험은 폭발적인 인구 증가, 중산층 확대, 대기 질 및 공중 보건 문제, 변화하는 고객 태도 및 우선순위 등 네 가지 글로벌 메가트렌드를 다루며 오늘날의 교통 모델 및 도시 지역에서의 제한적인 개인 이동성에 대한 문제점을 극복하고자 하였다.

25개 실험 중 14개는 Ford가 주도하고, 11개는 이노베이션 모빌리티 챌린지 시리즈의 일부로 진행되었다. Ford가 주도한 14개의 실험은 아래와 같다.

표 7		Ford Smart Mobility Plan 중 Ford 주도 14개 실험	
실험	지역	목적	주요내용
Big Data Drive	Dearborn, Michigan	Big Data, Analytics Expertise, Data Monetization	차량에 센서를 설치하고 주행 데이터를 수집. 빅데이터 분석을 적용. 운전자의 차량 사용 패턴 도출
Fleet Insights	United States	Big Data, Customer Insights, Value-added Services	HP 직원의 차량 운전 습관을 추적. 이동 목적에 따른 운전자의 차량 사용 방법, 날씨 및 교통 등 외부 요인과의 상호작용 방법 등 도출
Data Driven Insurance	London	Big Data, New Customers, New Revenue Opportunities	보다 개인화된 이동성 프로파일을 만들기 위해 시간 경과에 따른 운전자의 행동을 연구하여 보험회사와 정보 공유 및 보다 정확한 보험료 계산이 가능하도록 지원
Remote Repositioning	Atlanta	Sustainability, New Revenue Streams, New Customers	Georgia Tech 소유의 골프 카트 사용자가 LTE를 통해 스트리밍된 실시간 비디오를 보고 카트 운전이 가능하게 하는 원격 "발렛(valet)" 기능을 실험
City Driving On-Demand	London	Sustainability, New Revenue Streams, New Customers	Ford 전기자동차에 대한 분당 요금제 기반의 주문형 자동차 공유 서비스 제공. 모바일 앱을 통해 가장 가까운 서비스 위치의 차량 예약 가능
Dynamic Social Shuttle	New York, London	Sustainability, Vehicle Sales, Franchise Opportunities	도시 거주자를 위한 프리미엄 미니 버스에 대한 P2P 픽업 및 드롭 지원을 위해 공유 운송의 사회적 역할 및 라우팅 요구사항을 실험

실험	지역	목적	주요내용
Car Swap	Dearborn, Michigan	Sustainability, Shared Assets, New Customers	Ford 차량 소유 직원을 대상으로 모바일 앱을 통해 교환 가능한 차량 검색 및 조건 협상 가능
Ford Carsharing	Germany	Sustainability, New Revenue Streams, New Customers	딜러를 통합한 전국 자동차 공유 프로그램으로서, 대형 자동차 공유 회사인 Flinkster와의 협력을 통해 Ford Carsharing 고객이 모든 Flinkster차량을 사용할 수 있는 기능 제공
Share—Car	Bangalore, India	Sustainability, New Revenue Opportunities, New Customers	동료, 아파트 거주자 및 가족과 같은 소규모 그룹 간 차량 공유 개념을 실험하기 위해 차량 스케줄링 및 소유권 관리 모델 개발
Rapid Recharge & Share	Dearborn, Michigan	Sustainability, Customer Insights	소매 또는 패스트푸드 사업자와의 파트너십을 통해 급속 충전 인프라를 개발함으로써 전기차 공유 서비스 이용의 용이성을 확대하기 위해 추진
Data Driven Healthcare	The Gambia, West Africa	Big Data, Sustainability, Health, Customer Insights	비포장도로와 안정적인 교통 수단이 부족한 지역의 의료 접근성 문제 해결을 위해 의료 종사자용 차량 관리 및 유지 조직인 Riders for Health와 협력하여 Ford 픽업 트럭과 SUV에 OpenXC를 장착, 차량 관리의 생산성/효율성 향상 및 차량 데이터 수집을 추진. 수집된 데이터를 기반으로 지역지도 생성
Parking Spotter	Atlanta	Big Data, New Revenue Opportunities	대부분의 Ford 자동차가 가지고 있는 운전자 보조 센서를 활용하여 개방된 주차 공간 검색/예약, 도시주변의 관광 정보 검색 및 길찾기 기능 제공, 조지아 공대와 함께 실시

실험	지역	목적	주요내용
Info Cycle	Palo Alto, California	Big Data	Ford OpenXC에 기반하여 개발된 센서 키트를 통해 도시 지역에서 자전거 및 기타 운송 수단의 정보(휠 속도, 가속도 및 고도 등)를 수집. 대체 교통 수단의 가능성을 실험
Painless Parking	London	Big Data, New Customers, New Revenue Opportunities	주차의 어려움을 해결해주기 위해 자발적으로 교통 및 주차에 대한 실시간 데이터를 생성하는 플러그인 장치를 사용하는 운전자를 대상으로 실험 진행. 가장 가까운 공개 주차 장소 추천, 주차 요금 지불 등을 지원

Fleet Insights 실험

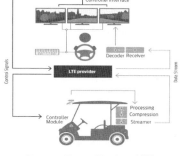

Remote Repositioning 실험

전자 센서 박스가 센서 데이터를 수집한 다음 함께 제공되는 라이브러리 및 애플리케이션 프로그래밍 인터페이스가 개발자들이 맞춤형 애플리케이션 및 센서를 개발할 수 있도록 제공된다.

Info Cycle 실험

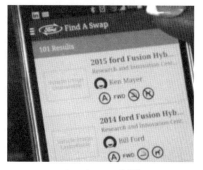

Car Swap 실험

Data Driven Healthcare 실험　　　Dynamic Social Shuttle 실험

출처: Ford (2015).

　　Ford는 눈 속에서 자율주행차를 테스트했던 최초의 회사이다. Ford는 전세계적으로 수백만 고객에게 자율주행차를 공급하기 위한 계획을 수립하였으며, 자율주행차 시장에서 리더십을 확보하기 위해 2018년 8월 Ford Autonomous Vehicles LLC를 설립하였다. Ford는 그간 진행해온 자율 주행 관련 가치사슬 전반의 노력을 하나의 팀으로 통합하여 자율주행 관련 사업 기회를 앞당기기 위해 이 회사를 설립하였다. 이 회사는 Ford의 자율주행시스템 통합, 자율주행 연구, 고급 엔지니어링, 서비스로서의 AV 운송(AV transportation-as-a-service) 네트워크 개발, 고객 경험, 비즈니스 전략 및 비즈니스 개발팀으로 구성될 예정이다. Ford는 이 회사를 통해 기술개발부터 공급체인 재구성, 생산체계 혁신, 비즈니스 모델 혁신, 사용자 경험개선에 이르기까지 가치사슬 전반의 디지털 트랜스포메이션을 극대화함으로써, 고객에게는 더 나은 서비스를 제공하고, 운영 차원에서는 지속 성장을 위한 기틀을 마련하는 데 기여할 계획을 가지고 있다. 이 회사는 자율주행 시스템 개발 파트너인 Argo AI와 함께 투자한 회사로 2023년까지 자율주행 관련 활동에 40억 달러를 투자할 계획이다.

　　Ford는 단순히 더 많은 자동차를 판매할 수 있는 방법을 모색하는 대신

그림 26   Ford Autonomous Vehicles LLC 주요 구성

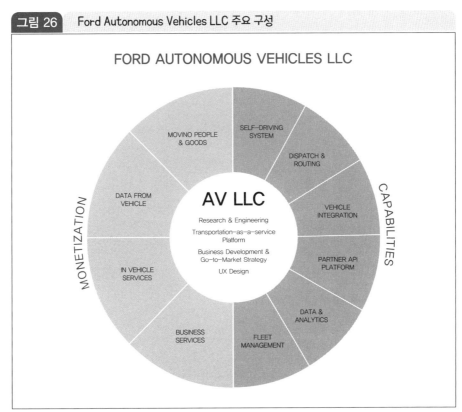

FORD AUTONOMOUS VEHICLES LLC

출처: Ford 홈페이지.

다가올 미래에서 한 발 더 앞서나가기 위해 연결성을 향상시키고 더 지능화된 차량을 생산하기 위해 노력하고 있다. Ford는 Chevrolet 등의 자동차 회사를 주요 경쟁자로 인식하기보다는 Tesla, Uber, Lyft, Google 등과의 경쟁에서 앞서나가기 위해 2015년 캘리포니아 주 팔로 알토(Palo Alto)에 연구 및 혁신 센터(Research and Innovation Center)를 개소하였다. 현재 160여 명의 연구자들이 실리콘 밸리 생태계와의 협력을 통해 변화를 주도하고 있다. 특히 연결성, 이동성, 자율주행차, 고객 경험 및 데이터의 혁신을 가속화하여 Ford Mobility 이니셔티브를 발전시키는 데 핵심적인 역할을 수행하고 있다.

(2) Value 측면

Ford는 1988년부터 부품의 시제품을 만드는 데 3D프린터를 사용해 왔다. 현재 Ford Europe은 Ford Mondeo Vignale, Ford GT super car 등을 포함하여 3D 프린트를 활용하여 신차를 빠르게 디자인하고 제공할 수 있도록 노력하고 있다. 뿐만 아니라 Ford는 누구나 집에서 포드모델버전을 3D프린트할 수 있는 Ford 3D Store를 자동차 업계 최초로 2015년 6월에 론칭하였다. Ford는 고객이 자신의 Ford 차량 모델을 디자인하거나 3D 디지털 파일을 구입하여, 3D 프린터를 통해 자신이 선택한 재료와 스케일로 3D 인쇄된 Ford 모델을 가질 수 있도록 서비스를 제공하고 있다. Ford는 3D 인쇄 경험이 고객과의 관계를 더욱 강화시키고 자동차 애호가들에게 Ford 자동차를 더 즐길 수 있는 기회를 제공할 것으로 기대하고 있다.

| 그림 27 | Ford 3D Store |

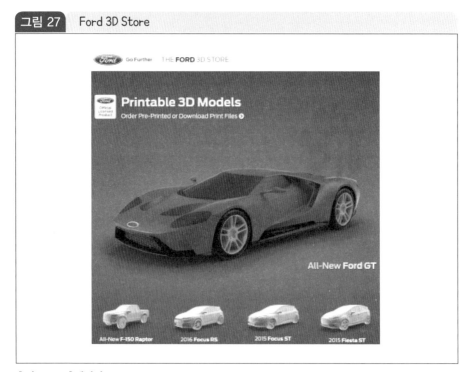

출처: Ford 홈페이지.

Ford는 고객이 차량 내에서 최상의 경험을 제공받을 수 있도록 다양한 디지털 기술을 접목하기 위해 노력 중이다. Ford는 업계에서 가장 인기있는 엔터테인먼트 및 통신시스템인 Ford SYNC를 통해 차량을 연결하는 선두주자이다. 2016년 Ford는 완전히 새로운 직관적인 SYNC3 시스템을 발표하였다. 또한 새로운 SYNC Connect를 통해 차량 소유자가 원격 시동, 문 잠금 해제, 연료 수준 점검 또는 스마트폰으로 주차된 차량 위치 확인 등 차량 기능에 원격으로 액세스할 수 있도록 하고 있다. 또한 SYNC에는 운전자가 운전석에서 스마트 폰 앱을 음성으로 제어할 수 있는 AppLink가 포함되어 있어 운전자의 안전과 편의를 확보할 수 있도록 하고 있다.

Ford는 이러한 차량 내에서 연결성에 더해 편의성, 재미 요소를 강화하기 위해 2017년 CES에서 Ford 차량에 Alexa를 적용할 계획을 발표했다. Ford는 차 안에서 고객들이 Alexa를 통해 날씨를 확인하고, 오디오북을 재생하고, 쇼핑 목록에 항목을 추가거나, 스마트홈 장치를 제어하는 등 고객에게 더 많은 스마트한 경험을 제공할 것을 기대하고 있다. 그리고 Alexa를 적용함으로써 집에 있는 Amazon Echo 또는 Dot과의 연동을 통해 차량 내에서 뿐만 아니라 집과 차량을 연결하여 원격으로 자동차를 잠그거나 시동을 걸게도 할 수 있으며 차량의 위치를 확인할 수 있는 서비스도 제공할 것으로 기대하고 있다. Ford는 Alexa와 Ford 차량 간의 통합을 SYNC 3 AppLink를 통해 추진하고, SYNC Connect를 통해 더 많은 차량에 Alexa를 사용할 수 있도록 할 예정이다.

Ford Smart Mobility LLC는 샌프란시스코 기반의 셔틀 서비스인 Chariot를 인수(2016년 9월)하고 자전거 공유 회사인 Motivate와 파트너십을 맺는 등 활발하게 스마트 모빌리티 서비스를 개발, 시장에 선보이고 있다. Ford의 승용차 공유 통근 셔틀 서비스 기업인 Chariot는 2018년 초 런던에서 사업을 시작하였다. Chariot는 오늘날 도시에 살고 있는 사람들에게 빠르고 안정적이며 저렴한 마이크로 트랜지트 솔루션을 제공함으로써 고객들의 통근

그림 28   Ford의 스마트 모빌리트 서비스 사례

출처: Ford 홈페이지.

경험을 혁신하고 있다. Chariot는 운송 그룹인 easitNETWORK와의 파트너십을 통해 히드로 공항에 인접한 서부 런던 비즈니스 파크에서 근무하는 사람들을 위해 셔틀 서비스를 제공하고 있다. 특히 Chariot는 대중교통 수단을 통한 접근이 어려운 지역의 회사 및 대학 캠퍼스를 대상으로 서비스를 제공한다. 미니버스를 통해 사무실, 병원 및 대학을 대중교통 허브와 연결하여 고객의 여행 시간을 줄이고 편안하고 스트레스 없는 통근을 제공하는 것을 목표로 한다. 고객은 매일 iOS 또는 Android 앱을 통해 Chariot 미니버스의 좌석을 쉽게 예약할 수 있으며 친근하고 전문적인 운전자가 운영하는 14인승 포드 차량을 통해 통근을 더 쉽게 할 수 있다.

4) Business Model

(1) DT 이전 비즈니스 모델

Ford는 디지털 트랜스포메이션 이전에 트럭, SUV, 승용차 등의 자동차

그림 29   디지털 트랜스포메이션 이전 Ford의 BMC

KP	KA	VP	CR	CS
• 투자자 • 자회사 • 브랜드 • 부품공급업체 • 기술파트너 • 판매/유통업체 • 보험회사 • 자동자경주업체	• 제조 및 디자인 • 공급망관리 • 품질관리 • 유통 • R & D • 네트워킹 & 브랜딩 • 운영 • 마케팅 & 영업	• 훌륭한 자동차 • 품질 • 판매 • 그린 & 스마트 자동차	• 브랜드 인지 • 고객 만족 • 명성 • 신뢰 • 서비스 & 지원 • 부가서비스	• 대량판매 (Mass market) • 일반적으로 브랜드를 인지하고 있는 고객 • 운송회사

그 KA 칸 하단에는 **KR**, CR 칸 하단에는 **CH** 가 이어진다:

	KR		CH	
	• 전세계 90여 개의 공장 및 22만여 명의 직원 • 국제적 입지 • 네트워크 • 브랜드 • 유통망 • 지식재산권		• 웹사이트 • 딜러 • 리셀러 • 지역 사무소 및 지사 • 소셜미디어 • 대화 • My Ford 잡지	

CS	RS
• R&D 비용 • 부품가격 • HR 비용 • 라이센스 & 로열티 • 제조비용 • 인프라 비용	• 차량 판매 매출액 • 예비부품 판매액 • 서비스 매출액(자동차 금융, 리스 등)

를 제조하는 전형적인 자동차업계의 비즈니스 모델을 가지고 있었다. 2006년 위기에 직면하기 전까지 자동차업계의 기존 룰대로 Ford 브랜드를 인지하는 고객 또는 운송회사를 대상으로 품질 좋은 훌륭한 자동차와 자동차 업

계에서 그린 및 스마트 자동차에 대한 리더십을 가진 명성이라는 가치를 제공하였다. Ford는 전세계 90여 개의 공장 및 22만 명의 직원의 리소스, 글로벌한 네트워크 및 유통망을 활용, 전세계에 차량을 제공하여 왔다. 더 많은 고객이 Ford의 자동차에 대해 인지하고 고객 만족을 느낄 수 있도록 서비스 및 지원과 부가서비스를 제공하였으며, 기존 유통망 채널인 딜러, 리셀러, 지역 사무소 및 지사뿐만 아니라 웹사이트, 소셜미디어, My Ford 잡지 등 다양한 고객 채널을 활용하였다.

Ford는 브랜드 명성에 걸맞은 품질 좋은 훌륭한 자동차를 디자인하고 제조하기 위해 전세계에 흩어져 있는 공장, 직원, 유통망 등을 효율적으로 관리하였다. 즉 공급망관리와 브랜드 인지도를 높이기 위한 마케팅 활동 등을 중요한 핵심 활동으로 인식하였다. 또한 핵심 활동을 지원하기 위해 부품공급업체, 자회사, 기술파트너, 판매/유통업체, 보험회사, 자동차경주업체 등을 핵심 파트너로 관리하였다.

Ford의 주요 매출흐름의 대부분은 차량 판매에서 발생하며, 이 외에 예비부품 판매액 또는 자동차 금융, 리스 등의 부가서비스 제공을 통한 매출도 일부 발생했다. Ford의 비용 구조 대부분은 품질 좋은 훌륭한 자동차 디자인, 개발, 제조에 포커스한 R&D, 부품, 제조 및 인프라 비용과 Human resource 비용으로 구성되었다.

(2) DT 이후 비즈니스 모델

2006년 정크 위기에 처했던 Ford는 운영 및 고객 가치 측면의 디지털 트랜스포메이션과 전기차, 자율주행차 등 차세대 자동차 제품 라인업에 대한 투자로 그 위기를 벗어나 견고한 성장세를 유지하고 있다. Ford는 디지털 시대에 고객에게 연결성, 모빌리티, 자율주행, 스마트한 고객 경험을 제공하기 위해 차량 제어/연결 SW개발, 스마트 모빌리티 비즈니스 모델 확대, 빅데이터 분석을 통한 고객 통찰력 기반의 고객 경험 혁신에 매진하고

그림 30	디지털 트랜스포메이션 이후 Ford의 BMC

KP	KA	VP	CR	CS

• 자회사
• 파트너사
• Amazon
• IT회사/
  빅데이터
  회사
	• 전기차 개발
	• 자율주행차 리더십
	  발휘
	• 차량 제어/연결 SW
	  개발
	• 스마트 모빌리티
	  비즈니스 모델 확대
	• 고객 통찰력을 통한
	  고객 경험 혁신
		• 연결성
		• 모빌리티
		• 자율주행
		• 편하고 재미있는
		  스마트한 고객 경험
			• 팬덤
			• 지지자
			• 새로운
			  비즈니스
			  모델에 대한
			  인지
				• Ford팬
				• 이동성에 어
				  려움을 겪고
				  있는 고객
				• 자동차를 공
				  유하는 데
				  관심이 높은
				  고객

(위 표 내부 구분)

KR	CH
• 연구 및 혁신센터 • 글로벌 팀 문화 • 기민하고 유연한 운영시스템 • Ford SYNC	• 3D Store • 자동차 자체 • 모바일앱 • Alexa • CES

CS	RS
• R&D 비용 • SW개발비 • 스마트 모빌리티 서비스 개발비 • 스마트 모빌리티 스타트업 인수합병비	• 자동차 판매액 (전기차, 자율주행차) • 스마트 모빌리티 서비스 수익 • 3D Store 판매액

있다. 2006년 이후 The Way Forward와 Ford Smart Mobility Plan, 지속적인 전기차 및 자율주행차 연구개발을 통해 SW 역량 및 스마트 모빌리티 기술 관련 자회사와 파트너사를 확보하고 One Ford식의 기민하고 유연한 운영시스템을 확보하여 왔다. 또한 연결성, 모빌리티, 자율주행, 스마트한 고객 경험을 위한 핵심 활동을 지원하기 위해 Ford Smart Mobility LLC, Ford Autonomous Vehicles LLC를 설립하였으며 Amazon, IBM 등 디지털 회사와의 협력 하에 더 나은 서비스 제공을 위해 노력하고 있다.

Ford는 기존 자동차 브랜드로 Ford를 인지하는 고객수를 늘리기 위해 브로드캐스팅 방식의 온오프라인 채널에서 벗어나, 이제는 그 업무 범위를 스마트 모빌리티 분야로 확장함으로써, 자동차 소유에 관심있는 고객을 넘어 이동성에 어려움을 겪거나 자동차 공유에 관심이 높은 고객으로 고객 세그먼트를 확대하였다. 뿐만 아니라 기존 Ford 자동차를 구매했거나 구매를 희망하는 고객들을 대상으로 한 단순한 고객 만족을 지향하는 것에서 벗어나 열렬한 Ford의 지지자로서 팬덤 문화를 즐길 수 있도록 3D Store 채널을 개설하였다. 또한, 자동차 내에 있는 Ford SYNC, Alexa, 모바일 앱 등을 통해 고객의 연결성을 극대화하고 다양한 스마트 서비스를 제공할 수 있도록 하고 있다.

Ford의 주 매출액은 여전히 자동차 판매액이지만 그 매출액의 세부 구성 비율 측면에서 전기차나 자율주행차가 늘어날 것으로 예측되고 있다. 또한, 2015년 이후 지속적으로 확대하고 있는 스마트 모빌리티 서비스 수익이나, 3D Store에서 매출액이 증가할 것으로 예상된다. 비용 측면에서는 전기차나 자율주행차 연구개발비, 자동차 내 연결성 증진을 위한 SW개발비, 고객 통찰력 확보를 위한 데이터 수집 및 빅데이터 분석비, 스마트 모빌리티 서비스 개발비, 관련 스타트업 인수합병비의 비율이 상당 부분을 차지할 것으로 예상되고 있다.

5) Performance

Ford는 전통적인 자동차 제조업체로서 자동차, SUV, 트럭 및 전기 차량의 설계, 제조, 마케팅, 금융 및 관련 서비스를 제공하는 핵심 사업에 지속적으로 투자하여 성장을 견인해 왔다. 특히, 중국, 일본, 독일 등의 글로벌 자동차 브랜드들과의 경쟁에서 살아남기 위해 운영 측면의 기민성, 유연성 및 스마트화를 적극적으로 추진함으로써 기업 경쟁력을 유지해 왔다. 동시에

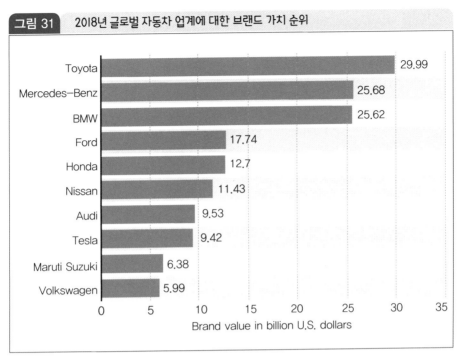

| 그림 31 | 2018년 글로벌 자동차 업계에 대한 브랜드 가치 순위 |

그림 31 2018년 글로벌 자동차 업계에 대한 브랜드 가치 순위

출처: STATISTA.

Ford는 연결성, 이동성, 자율 차량, 고객 경험, 데이터 및 분석의 선두 주자가 되기 위해 Smart Mobility와 자율주행차를 위한 기술개발 및 신규 서비스 개발을 위해 노력함으로써 관련 분야의 혁신 그룹으로서 시장을 창출하고 있다.

그래서 Ford는 2018년 글로벌 자동차 업계에 대한 브랜드 가치에서 127억 원을 인정받아 Toyota, Mercedes-Benz, BMW에 이어 4위를 차지했다. 매출액 순위가 6위인 데 반해 더 높은 브랜드 가치를 인정받고 있는 셈이다.

Ford의 운영 및 고객 가치 측면에서의 노력은 결실을 얻어 2006년 정크 상태를 무사히 넘기고 2009년 턴어라운드하여 지속적으로 순이익을 내고 있다. 매출 면에서도 견조한 상승세를 이어가고 있다. 2015년 기준 연간 매출액 1,496억 달러에서 2017년 1,568억 달러로 2년간 5.8%가 늘어났다.

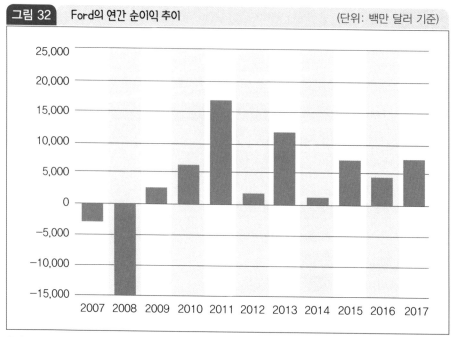

그림 32 ┃ Ford의 연간 순이익 추이 (단위: 백만 달러 기준)

출처: STATISTA.

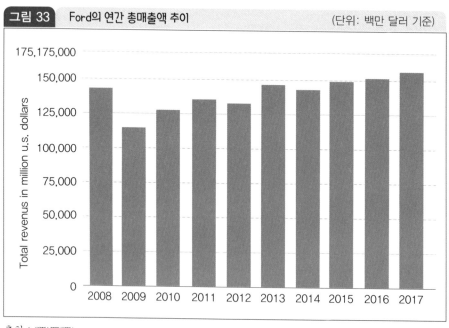

그림 33 ┃ Ford의 연간 총매출액 추이 (단위: 백만 달러 기준)

출처 : STATISTA.

6) 제언

Ford는 2009년 턴어라운드 이후 견고한 성장세를 유지하고 있지만 시장은 그렇게 판단하지 않고 있다. 주가 시장에서는 자동차 업계에 대해 많은 의구심을 가지고 있다. 그래서 이러한 성장세에도 불구하고 Ford의 주가는 3년간 30% 이상 감소하게 되었다. 결과적으로 Ford의 주가 가치가 최근 5년 만에 최저치를 나타냄으로써 Tesla의 시가 총액이 Ford를 넘어서게 되었다. 그래서 Ford는 2017년 5월 자동차 업계의 불황을 타개하고 디지털 트랜스포메이션을 더욱 가속화하기 위해 Ford Smart Mobility LLC 회장을 Ford 회장으로 선임하였다. 현재 Ford는 기존 자동차 업계의 패러다임 전환에 맞춰 지속적으로 전기차 및 자율주행차에 투자하고, 지능화된 연결성을 기반으로 스마트한 모빌리티 경험을 제공하기 위해 노력하고 있다. 비록 주가 가치는 낮지만 앞으로의 Ford의 미래가 더욱 기대되는 이유이다.

그러나 전통적인 자동차 업계 내 대부분의 기업들은 소프트웨어 및 IT 지배적인 환경에서 필요한 디지털 역량이 부족하다. 그래서 여전히 디지털 트랜스포메이션보다는 기존 자동차 업계의 성공률이나 제약조건에 기반하여 사업을 영위하고 있다. 또한 디지털 역량이나 혁신 역량의 부족으로 대대적인 디지털 트랜스포메이션을 추진하는 데 리더십이나 자원 확보가 쉽지 않은 상황이다. 그래서 자동차 완성차 업체들은 Google, Microsoft, Apple 등과의 파트너십을 통해 자율주행차를 개발하거나 디지털 역량을 확보하기 위해 고군분투하고 있다. 그러나 Google, Microsoft, Apple 등도 결국은 전기차나 자율주행차, 더 나아가 스마트 모빌리티 시장의 강력한 경쟁자가 될 확률이 높은 기업이다. 그러므로 자동차 완성차 업체들은 자신의 역량과 심도있는 환경분석을 통해 빠르게 시도하고, 반복하고, 실패하고, 배울 수 있는 애자일 방식의 혁신 방식을 차용하기 위해 노력해야 한다. Ford 처럼 자회사를 설립하여 독립적으로 스타트업처럼 혁신을 주도할 수 있도록 지원하는 방향도 고려할 수 있다.

Ford와 같은 자동차 완성차 업체의 어려움은 자동차 브랜드 업체에 각종 부품이나 솔루션을 납품하는 공급업체의 어려움으로 이어진다. 이들의 디지털 역량이나 혁신 역량은 자동차 완성차 업체 비해 더 떨어진다. 뿐만 아니라 공급망의 상류로 올라가면 갈수록 실제 고객과의 거리가 멀어져서 고객의 요구사항 변화나 시대 변화를 감지하는 데 어려움이 발생하게 되어 제때 디지털 트랜스포메이션을 진행할 기회를 놓칠 리스크도 더 높다. 그러므로 자동차 부품 및 솔루션 업체들은 기존 완성차 업체와의 수직적인 관계에서 벗어나 디지털 트랜스포메이션을 위한 노력을 진행해야 한다. 쉽지 않지만 시도하지 않는 것보다는 시도하여 역량을 쌓아가는 것이 낫다. 가급적 다양하게 고객 데이터를 확보하고 작게라도 애자일 팀을 조직하여 새로운 것을 시도함으로써 자신의 기업 환경에 맞는 디지털 트랜스포메이션 전략을 수립해 나가야 한다. 특히, 자동차 완성차 업체의 가격 인하 압력에서 살아남기 위해 운영 측면의 디지털 트랜스포메이션 전략의 구사가 필요하고 나아가 자동차 완성차 업체와의 긴밀한 협조를 통해 미래지향적인 제품 개발이나 비즈니스 모델 다각화를 고려하여야 한다.

다 Target Corporation

1) History

미국의 타겟 코퍼레이션(Target Corporation, 이하 "타겟")은 미국에서 Walmart 다음으로 큰 규모를 가진 대형 할인 매장이다. 기업명을 형상화한 Bull's eye를 로고로 유통시장의 핵심을 명중시킨 기업임을 자부하고 있다. 타겟은 주로 가공식품, 일용잡화, 전자제품 등 다양한 제품을 취급한다. 타겟의 역사는 1902년 미국 미니애폴리스에서 설립된 Dayton Dry Goods Company에서 시작되었다. 이후 1956년 현대식 쇼핑몰을 세우고 1962년 대형 할인점인 타겟을 설립하였다. 2018년 2월 기준, 타겟은 미국 전역에

1,822개 매장과 34만 명 가량의 고용인을 가지고 있고,[15] 매장은 할인매장인 Target, 하이퍼마켓 SuperTarget 외 CityTarget, TargetExpress 등으로 구성되어 있다.

타겟의 오랜 전략은 백화점 느낌의 패셔너블하고 고품질의 제품을 백화점보다 낮은 가격에 제공하는 것이었다. 싼 가격으로 승부하는 Walmart 보다는 다소 비싼 가격대를 책정하지만 품질과 서비스에서 경쟁우위를 가지는 전략이다. Walmart의 'always low prices(언제나 최저가 제공)'와 다르게 'the needs of its younger, image-conscious shoppers(젊고 이미지를 중요시하는 소비자에 대응)'라는 모토를 내세우고 있는 것이 특징이다. 저가 대신에 업스케일,[16] 경쟁력 있는 가격에 판매되는 트렌디한 제품으로 소비자의 취향을 공략하는 것이다. 이러한 전략으로 타겟은 유통시장의 공룡인 Walmart 와 경쟁할 수 있었다.

디자인은 이와 같은 기업 전략에 부합하기 위해 타겟이 항상 신경을 쓰는 요소이다. 1984년 타겟은 자체 의류 브랜드인 Honors를 설립하고 혁신적이고 실용적인 디자인의 의류를 선보였다. 이후에도 타겟은 지속적으로 외부 디자이너들과의 의류, 화장품 등에 대한 협업으로 타겟 자체의 브랜드 이미지를 확립하고 있다.

실제로 타겟의 고객들은 감각적인 제품, 멋진 광고, 깨끗한 매장, 빠른 서비스, 친화적인 소통 분위기를 타겟 이용의 주 이유로 꼽았다.[17] 40년이 넘

---

15 경쟁사인 Walmart는 2018년 1월 기준, 미국 5,358개 매장, 전 세계 6,360개 매장을 보유하고 있다.

16 업스케일은 마케팅의 전략으로 상품의 품질을 높이고 가격은 비교적 저렴하게 제공하는 것을 말한다. 흔히 말하는 '가격 대비 품질'을 중시하는 소비자를 겨냥하는 전략이다. 본 전략을 채택하는 기업은 제공하는 상품의 물량을 늘려서 원가를 낮춤으로써 실행력을 얻는다.

17 미국의 일반적인 할인매장은 번잡한 매장, 시끄러운 소음, 공격적인 조명, 미로 같은 매장 구성, 무뚝뚝한 직원, 인내가 필요한 계산대를 가지고 있다. 타겟은 매장 내에서 음악을 틀지 않고, 고객이 쇼핑에 집중할 수 있는 환경을 제공한다. 조명은 밝고 간결하

는 역사 동안 타겟은 제품혁신, 매장디자인 개선, 기억에 남는 이미지 브랜딩, 후한 환불정책 등을 고수하며 그들의 대상 고객군(소득중상위)에게 기존 미국 할인매장에서 찾아보기 힘든 새로운 가치를 제안해 왔다.

　타겟의 또 다른 비밀무기는 디지털이다. 타겟은 경쟁자들보다 다소 늦은 2000년 전자상거래 부문인 Target Direct를 공식적으로 설립하고 온라인 채널의 중요성을 대내외로 선언했다. 자체적인 역량을 확보하고 있지 않았기 때문에 1998년 Rivertown Trading catalog를 인수하면서 전문성을 먼저 쌓고 웹사이트 구축을 했다. 타겟의 웹사이트는 단순히 판매를 늘리는 구성이 아니라, 고객과의 관계구축과 편의제공에 초점을 두고 제작되었다. 2001년 전년 대비 3~4배 증가한 사이트 방문자수(1억 명)는 타겟의 전략이 주효했다는 것을 증명하고 있다. 2001년 시작된 Amazon과의 협력관계는 전자상거래의 전문성을 보다 강화시키는 계기가 되었다. 또한 타겟은 실시간 고객관계관리시스템을 적용한 최초의 유통업자다. 고객이 온오프라인 어느 곳에서든 물건을 구매한 후 타겟의 콜센터에 전화하면, 상담자는 바로 고객이 구매한 내용에 대해 (고객이 말하기 전에) 파악할 수 있게 된다. 타겟은 2011년부터 캐나다, 인도 등 미국 외 시장으로의 진출을 적극적으로 추진하며 세력 확장을 시도했으나, 대규모 손실을 입고 해외 시장 진출을 포기하고 만다. 손실국면을 만회할 전략적 카드로 타겟은 2017년 'Drive Up'이라는 온라인 주문서비스를 도입한다. 고객이 온라인으로 주문한 상품을 현장에서 수령할 수 있도록 하는 'Drive Up'과 인터넷 기반 식품 배송 서비스 기업 통합으로 도입한 '당일 배송' 서비스를 통해 타겟은 새로운 성장동력을 찾았다. 옴니채널과 디지털 경험을 증진시키는 유통매장으로 타겟은 또 다른 변화를 추구하고 있다.

게, 쇼핑카트는 체리색으로 깔끔한 디자인을 선택했다. 복도에 별도 매대진열을 없애고 넓은 공간을 제공하며, 고객이 원하는 것을 편하게 쇼핑할 수 있도록 매장을 구성했다.

2) Challenge

타겟은 경쟁력 있는 가격으로 고객이 원하는 가치를 제공하면서 경쟁우위를 확보해 왔다. 할인 유통기업 중에서 독특할 수 있는 고급화 이미지를 내세운 것이다. 디자이너와의 협력을 통해 출시하는 좋은 디자인의 상품, 독자적으로 개발한 상품을 Private Brand(PB) 제품으로 제공하면서 경쟁력과 가격 우위를 모두 차지하기도 했다. 이를 통해 2008년 기준 5년간 13.3%의 성장률을 기록하는 등 성공가도를 걸었다.

2009년부터 2017년까지 타겟 연간 보고서를 분석해보면 전체 매출에 대한 상품종류별 비율은 소비재(household essentials), 의류 및 악세서리(apparel & accessories), 음식/반려동물 제품(food & pet supplies), 가전제품(hardiness), 가구 및 장식품 순으로 구분된다. 타겟의 고객 연령의 중간값(median)은 40세로 다른 할인 유통기업의 고객 연령 중간값 대비 가장 젊다. 또한 고객 소득의 중간값은 USD 64,000로 Walmart 고객 소득 평균보다 높았다.[18] 타겟 고객의 76%는 여성이고, 43% 이상이 아이가 있는 가정이다. 80% 이상의 고객이 대학에 재학중이고 57%가 학위를 가지고 있다. 타겟의 전략은 주 고객층인 젊은 고객이 원하는 것에 적합하고, 그 결과로 주 고객층이 주로 찾는 소비재나 의류 등 상품의 매출비율이 높은 것을 알 수 있다.

이처럼 시장의 변화와 고객 수요를 반영한 새로운 시도는 타겟의 주된 성장동력이다. 2009년 필라델피아에서 비식품 위주의 유통매장인 P-Fresh를 선보인 것도 이러한 시도다. P-Fresh는 일반적인 상품을 취급하는 다른 매장과 다르게, 지역 밀착형 식료품 중 고객의 호응과 판매실적이 우수한 상품만 전략적으로 판매하는 매장이다. 비용 효율화와 고객 수요 대응을 위해 2011년에 시애틀, 시카고, 샌프란시스코, 로스앤젤레스에 선보인 도시형

---

18 Kantar Retail의 2014년 조사에 따르면, Walmart 고객은 50대 백인 여성으로 평균 가계 연소득은 ISD 53,125 가량이다.

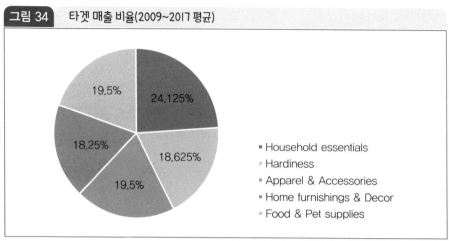

그림 34 타겟 매출 비율(2009~2017 평균)

24.125%
18.625%
19.5%
18.25%
19.5%

- Household essentials
- Hardiness
- Apparel & Accessories
- Home furnishings & Decor
- Food & Pet supplies

출처: 타겟 연간 보고서.

소규모 할인점인 CityTarget도 좋은 사례이다.

2013년과 2014년, 타겟은 큰 문제에 당면했다. 지속적인 성장세를 보이던 타겟이 처음으로 매출 감소를 맞이한 것이다. 2013년에는 온라인 음반에 대한 거부감으로 비욘세 등 거대 음반사업자와 갈등을 겪었다. 당시 타겟의 대변인이었던 Erica Julkowski는 정식 "물리적" 앨범이 출시되기 이전에 온라인 시장에서 디지털 앨범이 선보이는 것은 고객에게 다양한 CD를 제공하는 데 중점을 두고 있는 타겟의 수요와 판매 계획에 영향을 미친다고 말했다.[19] CD 출시보다 빠르게 온라인으로 음악파일을 판매하는 것에 항의하며 비욘세의 앨범 판매를 중단조치하기까지 했다.[20] 비욘세와 타겟의 협력 이벤트로 2011년 "4" 앨범(일반 유통 앨범에 수록된 곡보다 6곡이 더 추가된 특전판)을 독점적으로 유통했던 파트너십이 무너진 것이다. 하지만 빌보드의 분석에 따르면 2013년 음악유통시장 지형은 이미 변화해 있었다. 아이튠즈가

---

19 https://www.billboard.com/biz/articles/news/digital-and-mobile/5839839/target-not-selling-beyonces-new-album

20 당시 비욘세 CD는 12월 18일부터 판매가 가능했던 것에 비해, 아이튠즈에는 12월 13일 자정부터 선공개되었다.

표 8	타겟의 매출 추이(2005-2017)											단위: 백만 USD/%	
연도	2005	2006	2007	2008	2009	2010	2011	2012	2013	2014	2015	2016	2017
총매출	52,620	59,490	63,367	64,948	65,357	67,390	69,885	78,301	71,279	72,618	73,785	69,495	71,879
성장률	12.3	13.1	6.5	2.5	0.6	3.1	3.70	4.90	−8.97	1.88	1.61	−5.81	3.43

출처: 타겟 연간 보고서 발췌 재구성

41%, Walmart 10%, Amazon 9%에 이어 타겟은 5% 수준에 불과했다. 비욘세는 다음 앨범 출시에 맞춰 타겟의 경쟁자인 Walmart에서 판매되는 CD에만 특전을 부여하며 이 전쟁을 그녀의 승리로 마무리했다.[21] 타겟의 어려움은 온라인에 대한 패착 외 요인에서도 발생했다. 총 1억 1,000만명에 대한 신용카드 정보 유출 사건이 발생한 것이다. 해커들이 타겟 웹사이트에 저장된 고객의 개인정보를 훔쳤고 이는 미국 내 큰 이슈가 되며 많은 고객들이 반발하기 시작했다. 타겟의 불운은 여기서 끝나지 않았다. 활발히 진출했던 해외 시장 진출에서 큰 타격을 입었다. 특히 주력으로 진출했던 캐나다 고객들의 수요를 제대로 읽지 못하고 미국 내 성공전략을 그대로 도입하면서 큰 손실을 입게 된다. 미국 내에서는 고객 외면으로 매출이 하락했고, 미국 외 시장에서도 고전을 면치 못한 시기였다.

타겟은 2014년 펩시콜라 임원 출신인 Brian Cornell을 타겟 115년 역사상 최초의 외부 임원으로 선임하며 위기 탈출을 꾀했다. Brian Cornell은 Sam's Wholesale Club, Michaels stores, Safeway 등 다양한 식료품 업계 임원 경력을 보유하고 있어 타겟을 위기에서 구원할 적임자로 판단되었다.[22]

고객은 이미 온라인으로 이동하고 있었다. 딜로이트는 2017년 연말 연휴 시즌 미국의 유통업 매출액은 1조 달러가 넘을 것으로 전망했다. 특기할 점은 온라인 구매금액이 전체 소비액의 51%를 차지하는 것으로 추정된 것

---

21 https://www.businessinsider.com/beyonc-sticks-it-to-target-2013-12
22 Bloomberg(2018.10.22. 방문)

이다.[23] 비욘세의 신보를 아이튠즈에서 선공개한 것도 이런 고객의 수요변화를 읽은 것이다. 따라서 타겟이 주목해야 하는 다음 변화는 전자상거래였다. 전자상거래를 이용하는 고객이 갖는 불만의 대부분은 '배송비', '배송시간', '상품수령'에 관한 것이다. 'the needs of its younger, image-conscious shoppers'라는 오랜 모토에 맞게 타겟은 발빠르고 젊은 전략을 수립해야만 했다.

2013년부터 타겟이 마주한 산업적 변화는 다음과 같다. 고객 영역의 주요 변화는 온라인(전자상거래) 활성화와 글로벌 시장에의 접근이다. 모바일 기기를 활용하는 고객이 증가하면서 타 매장과의 가격, 품질, 다양성에 대한 비교분석이 심화되었다. 또한 고객은 새로운 수요로 저렴한 배송, 빠른 배송시간, 편리한 상품수령을 요구하기 시작했다.

오프라인과 온라인 매장 간 경계가 불분명해지면서 상호 경쟁관계는 더 심화되었다. Walmart는 기술에 투자하며 전자상거래로, Amazon은 자동화된 오프라인 상점을 열며 오프라인으로 진출했다. 또 제조업자가 제조한 상품을 유통업자가 판매하던 기존모델에서, PB상품의 증가[24]로 유통업자의 발주를 받아 제조업자가 제조를 하는 등 양자 간 관계도 변화하게 되었다. 유통기업들은 다양한 기술을 활용해 고객에게 새로운 편의서비스를 제공하면서 경쟁우위를 확보하려고 하고, 반대로 기술기업들이 소매경험을 변화시키며 유통기업의 지위를 위협하기도 한다. 경쟁구도가 완전히 재편되는 것이다. 유통 경쟁사들은 변화하는 고객 요구사항을 반영하기 위해 배송비를 출혈적으로 줄이거나, 대규모 자본을 이용한 물류센터 설립으로 배송시간을 줄이는 등 경쟁우위 확보에 나섰다.

온라인 판매가 가속되면서 고객 데이터 확보는 더 수월해지고, 다뤄야

---

23 Deloitte (2018).

24 한국의 대형 유통 3사(이마트, 롯데마트, 홈플러스)의 PB상품 매출은 2008년 3조 6천억 원에서 2013년 9주 3천억여 원으로 2.5배 이상 성장하였다.

표 9	타겟과 유통시장의 CCDIV	
핵심영역		주요 환경 변화
Customer	고객	• 전자상거래 활성화와 글로벌 유통매장의 확대로 구매경로의 다양화 • 모바일 기기를 활용하는 고객 증가. SNS를 통한 의견 교환과 가격/제품 비교 활성화 • 저렴한 배송, 빠른 배송시간, 편리한 상품수령에 대한 관심 증대
Competition	경쟁	• 오프라인 매장에서 온라인 매장으로 판매 채널 다변화 • 제조업–유통업의 파트너십 관계가 PB상품의 증가로 경쟁관계로 변화 • (대칭경쟁) 기술을 사용한 편의서비스 제공 기업의 등장(테스코 QR 가상매장, 쇼퍼테인먼트 등) • (비대칭경쟁) 온라인 vs. 오프라인 매장의 경쟁 심화, 4차 산업혁명 기술의 소매경험 변화
Data	데이터	• 온라인 판매가 증가함에 따른 고객 데이터 및 구매로그 발생
Innovation	혁신	• 작은 규모 실험을 통한 혁신 서비스 제공 – IoT, AI를 활용한 무인마트, 무인계산대의 등장 – 빅데이터 분석을 통한 맞춤 상품 제안 – AR/VR 기술을 활용한 의류 및 가구 시뮬레이션 서비스
Value	가치	• 체험형 아웃렛 등 매장에서 엔터테인먼트를 즐길 수 있는 새로운 가치 제공 • 부가가치를 제공할 수 있는 정보제공

하는 고객 데이터 양은 무척 많아졌다. 고객이 온라인 매장에서 클릭했던(관심을 보인 상품) 제품과 카테고리, 구매이력, 페이지당 머문 시간, 접속장소 등 다양한 데이터가 자동으로 확보될 수 있다.

유통시장에는 다양한 혁신이 발생하고 있다. IoT, AI, 빅데이터, AR/VR 등 다양한 4차산업혁명 기술이 고객의 소비경험, 쇼핑경험을 증진시키는 데 활용된다. 키오스크 형태의 무인 계산대는 국내 할인매장에서도 쉽게 발견된다. 더 나아가 Amazon은 Amazon Go를 통해 완전 무인화된 매장을 선보였다. 의류나 가구 등을 구입 후 신체와 집안 공간에 맞지 않아 반품하게 되는 것을 방지하기 위해 AR/VR 기술은 시뮬레이션에 활용되었다. 이러한 새로운 혁신은 한꺼번에 적용되는 것이 아니라 소수의 시범매장에서 적용되어 타당성을 타진하고, 점차 확대된다.

할인매장에서 전통적으로 제공하는 가치는 저렴한 가격이었다. 하지만 경쟁이 심화되고 고객의 수요가 다양해지면서 새로운 가치가 등장했다. 코스트코에서 판매하는 치즈피자를 먹으러 코스트코를 방문하는 사람이 생기기 시작한다. 할인매장 내 푸드코트, 놀이공간 등 방문 고객에게 다양하고 독특한 경험을 제공할 수 있도록 하는 매장이 많아졌다.

3) DT 스토리

2017년 타겟의 CEO Brian Cornell은 유통의 미래는 디지털이라고 선언하며 타겟의 온라인 경쟁력 강화에 대한 전략을 밝혔다. 2017년 기준 타겟의 디지털 부문 매출은 전체 매출 750억 달러 중 5%에 불과했기에 대중들은 놀라움을 표했다. 하지만 Cornell은 타겟의 1,800개 매장이 디지털화를 위한 전략적 자산이며, 수십억 달러의 신규 투자를 통해 이를 현실화할 것이라고 말했다.

실제로 타겟은 2017년 700억 달러의 투자를 추진해 전통적 유통기업에서 디지털 기업으로 변화를 감행했다. 타겟은 1999년부터 유통과 기술 관련 다양한 기업을 인수하면서 새로운 역량을 확보해 왔다. 2017년 인수는 당일배송 및 지역배송, 식재료 배송 관련 기업에 집중되었고, 2017년 3분기 타겟의 온라인 판매는 전년 대비 24% 증가했다.

Cornell의 비전은 미국 전역에 4마일(약 6.4km)마다 위치해 있는 타겟의 오프라인 매장을 적극 활용하는 것에 있었다. 취임 이후 타겟의 다양한 매장을 실제로 방문하여 고객의 삶을 살펴보고, 고객이 원하는 것을 직접 물어보며 개선안을 찾던 Cornell은 디지털 트랜스포메이션 시대 고객이 갖는 수요와 이에 대한 솔루션을 짚어냈다. 주문 당일에 도착하는 '라스트마일[25]'

---

25 Last Mile Delivery: 소비자가 구매한 상품을 최종 목적지까지 도달하기까지의 모든 단

표 10	타겟의 인수기업		
no.	피인수기업	주요 비즈니스	인수시기
1	Shipt	식재료 배송	2017.12.13.
2	A Bullseye View	최신 패션산업 정보제공 매거진	2015.03.18.
3	Chefs Catalog	주방관련 제품 판매	2013.03.14.
4	Grand Junction	당일배송 및 지역배송 플랫폼	2017.08.14.
5	Sonia Kashuk	화장품 제조 및 판매	2015.09.22.
6	PoweredAnalytics	클라우드 기반 예측 및 분석 플랫폼	2014.11.20.
7	Associated Merchandising Corporation	유통 소싱 서비스	1998.01.01.
8	DermStore	스킨케어 화장품 온라인 유통	2013.08.06.
9	Cooking.com	주방제품 온라인 판매 및 레시피 정보	2013.03.14.
10	Fedco	멤버십 기반 백화점 체인	1999.07.09.

출처: Crunchbase

배송과 온라인 주문 건에 대한 오프라인 '픽업 서비스'를 통해 옴니채널 경험을 제공한 것이다. Cornell의 비전을 담은 신규 매장은 고객의 구매 경험을 더 쉽게 만들고, 온라인 주문 제품의 오프라인 픽업을 더 편안하게 만드는 것을 돕는 형태로 설계되었다.

타겟은 소비자 주문액이 25달러만 넘으면 무료 배송을 제공한다. Amazon의 35달러, Walmart의 50달러에 비하면 무척 경쟁력을 갖는 기준이다. 또한 배송시간에 대해서도 고객의 이메일로 구체적인 배송 날짜와 도착시간을 제공하는 ATP(Available to Promise) 서비스를 제공한다. 또한 온라인에서 구매한 제품을 미국 전역에 위치한 오프라인 유통매장에서 수령할 수 있게 하는 서비스와, 오프라인 매장에서 실물을 보고 온라인 매장에서 주문하는 서비스를 제공하며 옴니채널 경험을 선진화시켰다.

계를 말한다. 최근 기술의 발달로 무인 자율 주행 배송 로봇, AI와 빅데이터를 활용한 효율성 향상 등 소비자의 편의 향상을 위한 수단들이 포함된다.

2011년 Target.com을 통해 오프라인 매장의 경험을 온라인으로도 제공하는 방식으로 고객의 만족도를 높이려 노력하던 타겟은 모바일 앱 출시와 다양한 배송 옵션을 제공하면서 온라인과 오프라인의 경계를 모호하게 만들고 있다.

(1) Operation 측면

타겟은 대대적인 기술기업 인수를 통해 디지털 트랜스포메이션 시대에 필요한 운영역량 확보에 나섰다. 전통적인 Make or Buy 전략 기준으로 생각했을 때 공룡 Walmart와 Amazon과 싸우는 타겟의 경쟁시장 내 위치를 고려하면 무척 영리한 판단이었다. 자체 기술을 개발해서 역량을 확보하기에는 시간도 자본도 부족하기 때문이다.

일반적으로 유통기업의 인수합병은 다른 지역 혹은 다른 주력 상품을 가지는 유통기업을 대상으로 하는 경우가 많다. 실제로 타겟도 2013년까지 유통기업, 소싱기업 등을 주 인수 대상으로 삼고 있었다. 하지만 2014년부터 빅데이터 분석, 정보제공 등 IT와 관련된 기업들을 인수하기 시작한다.

현재 타겟이 제공하는 'Buy Online, Pickup In-Store' 서비스는 고객에게 새로운 경험을 제공한다. 타겟은 2015년부터 이 서비스를 제공하며 Target.com에서 구매한 상품을 고객 집 근처 매장에서 수령할 수 있도록 했다. 고객의 선택에 따라 도보 방문 수령 혹은 Drive through 수령이 가능한 이 서비스는 2015년 크리스마스 전에 개시되어 고객의 높은 호응을 얻었다. 배송과정을 생략함으로써 구매 후 상품수령까지의 리드타임을 획기적으로 줄였기 때문에, 크리스마스 이브까지만 친구나 가족에게 원하는 선물을 얘기하면 바로 받을 수 있게 된 것이다. 타겟이 미국 전역에 보유하고 있는 1,800여 개의 오프라인 매장은 이 서비스를 선보이기 위해 필수적인 조건이다.[26]

---

26 타겟의 분석에 따르면 미국인의 75%가 타겟 오프라인 매장과 10마일 이내 거리에 거주하고 있다.

2017년 타겟은 이 서비스에 더 다양한 가치를 부여하기 위해 타겟 모바일 앱 내 원하는 상품을 저장해두면, 고객이 미리 설정해둔 친구나 가족이 이를 알 수 있도록 하는 기능(GiftNow)을 추가했다. 이 추가기능 덕에 고객은 더 이상 구구절절한 선물요구편지를 쓰지 않아도 산타클로스의 선물을 받을 수 있게 되었고, 고객의 친구들은 골치 아픈 선물 고민 대신 고객이 원하는 상품을 정확히 구매해서 선물할 수 있게 되었다.

타겟의 당일배송 서비스는 Shipt 인수 이후 눈에 띄게 가속화되고 있다. Shipt 앱을 통해 제공되는 당일배송 서비스[27]는 의류, 가구류 등 일부 상품에는 적용되지 않지만, 적용대상 제품을 구매할 경우 고객이 배송한 지역으로 당일배송한다. 2018년 3월 기준 당일배송 서비스는 400개 가량의 매장에 적용되어 있고, 2018년 연말 전에 전역으로 확대될 예정이다.

또한 일반 상품 대상 2일 배송 서비스는 2018년 3월 기준 1,000개의 매장에서 적용되고 있고, 타겟은 2019년까지 이 서비스를 모든 매장에 적용되도록 확대할 방침을 밝혔다. 오프라인 매장에서 구매한 상품을 당일 집으로 배송하는 신규 서비스도 맨하탄 매장에서 시범으로 선보였다.

고객에게 다양한 경험을 제공하는 타겟의 시도는 타겟이 인수한 기업들이 보유한 빅데이터와 배송 플랫폼을 통해 현실화되었다. "Flow centers"라 이름 붙은 온라인 주문 대응 센터가 새로운 배송서비스가 문제 없이 진행되도록 지원하고 있다. 이에 그치지 않고 타겟은 2020년까지 1,000개의 매장을 리모델링함으로써 옴니채널 경험을 최적화할 수 있도록 하겠다고 발표했다. 접근성 좋고 인구가 밀집한 도심 혹은 대학캠퍼스 인근 지역에 소규모 점포를 만들고, 교외지역에는 보다 거대한 규모로 다양한 서비스를 만끽할 수 있는 점포를 만든다. 예를 들어 2017년 10월 텍사스에서 개점한 점포는 2개의 입구가 있다. 한 입구는 타겟의 독자브랜드와 행사제품을 쉽게 볼

---

27 당일배송 서비스가 제공되는 Shipt멤버십은 연 99달러로 이용 가능한 유료서비스이다.

수 있도록 디자인되어 있고, 다른 입구는 현장픽업과 grab-and-go[28]에 적합하게 설계되어 있다. 다양한 제품을 즐기고자 하는 고객과 편안함을 추구하는 고객을 모두 사로잡기 위함이다.

이러한 타겟의 변화는 고객이 더 많은 시간을 Target.com과 타겟 모바일 앱에서 사용하게 만들고, 온라인 수익을 매년 증대시키는 것으로 긍정적인 효과를 증명하고 있다.

(2) Value 측면

타겟은 바쁜 고객들을 위해 Target Restock 서비스를 2017년부터 시작했다. Target Restock은 생필품 제품 15,000종류에 대해 주중 저녁 7시까지만 주문하면 다음 날 배송이 완료되는 서비스이다. 아직 특정 지역에서만 가능한 서비스지만 미국 전체 인구의 1/5 가량이 사용할 수 있는 수준이다.

2018년 2월 미국의 택배서비스 기업인 Dropoff가 실시한 조사에 따르면 무려 47%의 고객들이 빠른 배송을 위해 추가 요금을 지불하고 있다. 더 이상 무료 배송이 고객만족의 최상위 요구조건이 아닌 것이다. 이제 고객은 빠른 배송을 원한다. 이런 추세에 맞게 타겟은 다양한 배송옵션을 제공하고

표 11	타겟이 제공하는 다양한 배송옵션
구분	내용
당일배송(Same day delivery)	별도의 멤버십 가입자에게 당일 배송 서비스
무료 2일 배송(free 2-day ship)	회원(무료) 및 일반(35달러) 고객 대상 2일 배송 서비스
구독서비스(subscriptions)	매일 필요한 필수품 대상의 주기적 배송 서비스
Target Restock	생필품 하루배송 서비스
주문 현장픽업(Order pickup)	온라인 주문제품을 오프라인 매장에서 픽업
Drive up	온라인 주문제품을 차량을 탄 상태로 픽업

---

28 간단한 식료품이나 주류를 빠르게 구매할 수 있도록 설계된 상점디자인과 구매 프로세스를 말한다.

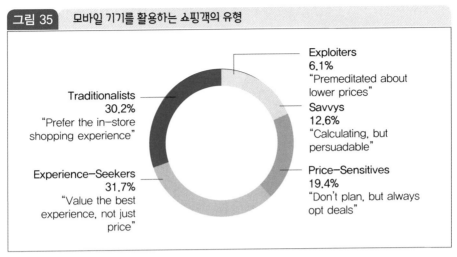

그림 35 모바일 기기를 활용하는 쇼핑객의 유형

Exploiters
6.1%
"Premeditated about
lower prices"

Savvys
12.6%
"Calculating, but
persuadable"

Traditionalists
30.2%
"Prefer the in-store
shopping experience"

Experience-Seekers
31.7%
"Value the best
experience, not just
price"

Price-Sensitives
19.4%
"Don't plan, but always
opt deals"

출처: Rick Ferguson (2013).

있고, 이는 고객에게 타겟을 이용하는 것에 대한 가치를 증명한다.

스마트기기의 빠른 보급에 따라 모바일 기기를 활용하는 쇼핑객들은 나날이 증가하고 있다. Rick Ferguson은 2013년 연구에서 모바일 쇼핑객을 5가지 분류로 구분했다. 가장 많은 비중을 차지하고 있는 것은 경험추구자(31.7%)들이다. 이어서 전통주의자(30.2%), 가격민감자(19.4%), 실용주의자(12.6%), 계획적인 저비용 추구자(6.1%)로 구분된다. 모바일 쇼핑객들은 주기적으로 상품의 가격과 정보를 확인하며 그들이 최종적으로 구매할 상점을 편하게 고를 수 있다.[29] 또한 70%의 모바일 쇼핑객들은 쇼루밍(showromming)[30]을 하며 합리적인 구매를 추구하고 있다.

모바일 혹은 온라인 쇼핑객들이 걱정하는 것은 구매와 배송시점 간 차이이다. 필요해서 혹은 갖고 싶어서 지금 구매했는데 물건이 1~2주 후 도착한다면 그 기쁨은 사그라질 것이다. 앞서 살펴본 타겟의 당일 혹은 2일 배

---

29 Ferguson의 연구에 따르면 52%의 모바일 쇼핑객이 주기적으로 가격을 체크하고, 50%
   는 정보와 리뷰를 체크하는 것으로 나타났다.
30 오프라인 매장에서 상품을 살펴본 후 모바일로 저렴하게 구매하는 소비의 방식을 말한다.

송 서비스와 오프라인 매장 구매상품에 대한 배송서비스는 이런 고객들에게 새로운 가치를 제공하고 온라인 쇼핑객의 고민을 잠식시킨다. 온라인과 오프라인 간 경계를 없앤 옴니채널 서비스들은 다양한 유형의 쇼핑객 수요를 모두 만족시킨다고 볼 수 있다. 예를 들어, 저렴한 가격뿐 아니라 쇼핑 자체의 경험을 즐기는 경험추구자나 전통주의자들은 오프라인 매장에서 구매 후 배송서비스를 선호할 것이다. 가격민감자나 실용주의자들은 온오프라인 옴니채널을 통해 그들이 추구하는 저렴한 가격제품을 구매할 수 있다.

배송과정에서 내 상품이 어디에 있는지, 어디까지 도착했는지는 고객들의 관심사다. 이런 고객의 수요에 대응하기 위해 타겟은 Track your order 서비스를 제공한다.

배송만이 타겟이 제공하는 새로운 가치는 아니다. 타겟은 핀터레스트 렌즈를 적용한 첫 번째 미국 유통기업이다. 핀터레스트를 통해 고객은 자신과 유사한 취향을 갖은 다른 사람이나, 트렌드에 맞는 상품 추천을 받을 수 있다. 이 서비스 또한 온라인 쇼핑이 오프라인 쇼핑에 비해 부족할 수 있는 체

그림 36	디지털 트랜스포메이션 이전 타겟의 BMC

KP	KA	VP	CR	CS
• 디자이너 • 제조업자	• 디자인 • PB기획 및 제조	• 백화점 품질의 제품을 저렴한 가격에 제공	• REDcard를 통한 프로모션	• 가성비를 중요시 생각하는 고객 • 젊고 경제력 있는 고객
	KR • 소비자의 수요를 읽을 수 있는 역량		**CH** • 1,800여 개의 오프라인 매장	

CS	RS
• 디자인 비용 • PB 제조비용	• 매장 판매 제품에 대한 판매수익

험을 보완해준다.

AR기술이 적용된 뷰티 스튜디오도 고객 경험을 증진시킬 것으로 기대된다. 고객들은 가상공간에서 화장품 제품을 테스트해볼 수 있다. 문자메시지와 챗봇으로 제공되는 컨시어지 서비스는 상품에 대한 조언이나 추천을 지능적으로 수행할 것이다. 타겟은 이미 인수한 기업의 기술력으로 새로운 가치를 제공하는 데 그치지 않고 자체 인큐베이터 프로그램을 통해 새로운 기술 잠재력을 발굴하고 있다. 2018년 5월 기준 10개의 스타트업들이 화장품에 특화된 혁신을 시도하고 있다. 모든 혁신과 노력은 옴니채널을 보다 확고히 하고 옴니채널의 만족도를 높이기 위해 진행되고 있다.

4) Business Model

(1) DT 이전 비즈니스 모델

타겟은 디지털 트랜스포메이션 이전에 디자인 제품, 우수한 품질을 합리적인 가격에 제공하는 것을 주요 가치로 내세웠다. 2013년 위기를 맞기 전까지 타겟은 디자인, PB 제품의 우위로 젊고 경제력 있는 고객 수요를 잘 대응해 왔다. 미국 최초의 대형 할인매장으로 공룡 Walmart에 비해 규모는 작지만 착실하게 성장할 수 있는 힘이었다.

하지만 온라인 유통기업과 오프라인 유통기업의 장벽이 허물어지면서, 고객들은 보다 다양한 제품과 더 저렴한 가격을 쉽게 찾을 수 있게 되었다. 해외직구가 활성화되자 타겟의 우수한 품질이나 독특한 디자인은 더 이상 경쟁우위를 가질 수 없었다.

(2) DT 이후 비즈니스 모델

다양한 배송옵션과 옴니채널을 통한 새로운 쇼핑경험은 타겟이 제공하는 새로운 가치이다. Amazon과 달리 별도의 물류센터 설치 없이 기존의 오

그림 37 　디지털 트랜스포메이션 이후 타겟의 BMC

KP	KA	VP	CR	CS
• 구글(음성 인식 주문 Google Express)	• 배송기술/플랫폼 기업 인수 • 옴니채널에 적합한 매장으로 리모델링	• 다양한 배송옵션 • 옴니채널	다양한 접점을 통한 긴밀한 관계	• 편안함과 다양성을 추구하는 고객 • 빠른 배송을 중요시하는 고객
	KR		**CH**	
	• 미국 전역의 1,800개 매장		• 1,800개 오프라인 매장 • 온라인/모바일 매장	

CS	RS
• 매장 리모델링 비용 • 물류 비용 • 온라인/모바일 사이트 제작 및 운영	• 온오프라인 매장 판매 제품에 대한 판매 수익 • 배송옵션 멤버십 수익

프라인 매장을 활용한 빠른 배송 혹은 매장픽업이 가능한 것은 타겟의 큰 경쟁우위이다. 기존에 가지고 있었던 오프라인 매장이라는 핵심자원과 우수한 배송기술과 플랫폼을 보유한 기업들을 인수하면서 추가로 획득한 기술력과 노하우는 타겟의 새로운 가치를 높은 수준으로 생성할 수 있도록 한다. 현대사회의 편안함과 다양성을 모두 추구하고, 빠른 배송을 중요시하는 고객에게 타겟이 새롭게 제시하는 가치는 무척이나 매력적이다.

　타겟은 디지털 트랜스포메이션을 통해 수익구조 다변화에도 성공했다. 기존에는 단순 매장 내 판매수익이 전부였지만, 온오프라인 매장에서 발생하는 확장된 수익과 다양한 배송서비스에 대한 멤버십 혹은 이용비용은 타겟의 추가적인 수익으로 유동성 확보에 도움을 주고 있다.

　괜찮은 품질의 제품을 저렴한 가격에 제공하는 것은 자본력을 가진 경쟁자나 신규 진입자가 모방하기 쉬운 가치였다. 유통공룡인 Walmart는 원한다면 쉽게 프리미엄 라인을 만들 수 있고, 온라인 강자 Amazon은 무인매장을 통해 독특한 가치로 고객에게 접근하고 있다. 만약 타겟이 기존에 제공하던 가치만을 붙잡고 있었더라면 Walmart와 Amazon과의 경쟁에서 특별한 존재감을 나타내지 못하고 도태되었을 수 있다. 하지만 2013년 위기를 겪으며 타겟은 빠르게 변화해 왔다. 옴니채널의 중요성을 인식하고 오프라인 매장을 최대한 활용한 온라인 확장 전략을 채택하고, 다소 부족한 기술력과 노하우는 외부에서 빠르게 도입했다. 현재까지 이러한 타겟의 전략과 변화움직임은 성공적인 것으로 보인다.

5) Performance

타겟의 주가는 최근 5년 중 2017년 하락세를 겪은 후 지속적인 상승을 보이고 있다. 주식 전문가들에 따르면 2018년 10월 기준 분기 예상 수익은 178억 달러이며, 2019년 1월 228억 달러로 상승할 것으로 예측되고 있다.

2018년 5월 타겟이 발표한 1분기 보고서는 타겟의 매출이 3% 상승했다

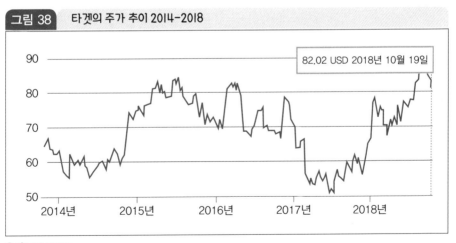

그림 38 타겟의 주가 추이 2014-2018

82.02 USD 2018년 10월 19일

출처: NASDAQ
* 2017년 6월 23일 50.76 USD까지 떨어짐. 2018년 10월 12일 기준 84.61 USD

고 밝히고 있다. 특히 2018년 1분기 디지털 매출은 28% 증가하며 괄목할 만한 성과를 나타냈다. 2018년 1분기 동안 타겟은 56개의 매장 리모델링을 완료했고, 7개의 신규 매장, 3개의 새로운 브랜드를 런칭했다. 주력 서비스인 Drive up은 250개 매장에서, Target Restock은 미국 전역으로, 당일 배송은 700개 매장에서 가능하도록 빠르게 확대되고 있다.

6) 제언

타겟은 가격전략, 디자인, 물류전략, 디지털 등 다양한 전략으로 유통의 전쟁터인 미국에서 Walmart, Amazon 등 유수의 온오프라인 경쟁자들과 겨루고 있다. 본 책에서는 책의 주제인 디지털 트랜스포메이션 중심으로 타겟 사례를 분석했지만, 이 외에도 다양한 성공요인과 전략이 있었음을 잊어서는 안 된다. 디지털 트랜스포메이션이 마법의 열쇠는 아니라는 것이다. 하지만 타겟이 디지털 트랜스포메이션을 통해 도입한 옴니채널 전략은 유통시장에서 특히 필요한 전략이며, 이 전략이 주효해서 타겟의 성장을 이끌고 있다.

타겟이 소규모로 적용하며 확장하고 있는 옴니채널 전략은 미국 내 유통업계에게 확산되고 있다. 온라인 구매 후 근처 오프라인 매장에서 픽업할 수 있는 서비스는 이제 Sears에서도 쉽게 볼 수 있는 서비스가 되었다.

"America's easiest place to shop" 타겟이 추구하는 그들의 새로운 모습이다. 완전히 새로운 기술이나 모델이 아니라, 기존에 가지고 있던 강점을 바탕으로 시장에 존재하는 경쟁역량을 얹어 주 고객군이 원하는 수요를 짚어 솔루션을 제공하는 타겟은 곧 그들이 원하는 모습이 될 것으로 기대된다. 타겟은 그들이 보유하지 않은 역량 확보를 위해 긴 시간을 들여 인프라를 구축하고, 사람을 새로이 고용해서, 교육시키고, 시행착오를 겪으며 수행하는 대신, 이미 잘 하고 있는 기업과의 파트너십이나 인수를 선택한다. 디지털 트랜스포메이션이라는 거대한 파도에 당황하지 않고 자신의 핵심역량인 유통, 디자인, 백화점 방식의 고객서비스에 필요한 외부 역량을 더하는 똑똑한 전략이다. 특히 이 전략으로 불필요한 시간이나 비용을 낭비하지 않는다는 것이 중요한 부분이다.

참고문헌

도서

David L. Rogers(2011), The Network Is Your Customer 5 Strategies to Thrive in a Digital Age, Yale University Press.

David L. Rogers(2016), The Digital Transformation Playbook, Columbia Business School.

Richard Lipsey, Carlaw Kenneth, Bekhar Clifford(2005), *Economic Transformations: General Purpose Technologies and Long Term Economic Growth*, Oxford University Press. pp. 131–218

Laura Rowley(2003), On Target: How the World's Hottest Retailers Hit a Bull's-Eye, John Wiley & Sons, Inc.

김인숙, 남유선(2016), 4차산업혁명, 새로운 미래의 물결, 호이테북스

데본 리(2008), 콜래보 경제학, 흐름출판

유발하라리, 김명주 역(2017), 호모데우스. 김영사

제러미 리프킨 저, 안진환 역(2012), 제3차산업혁명, 민음사

클라우스 슈밥, 송경진 역(2016), 클라우스 슈밥의 제4차산업혁명, 새로운 현재

논문/보고서

Bundesministerium Fur Arbeit Und Soziales(2015), *Arbeiten 4.0 Grün Buch*

El Sawy, O. A., Kræmmergaard, P., Amsinck, H., & Vinther, A. L.(2016), "How LEGO Built the Foundations and Enterprise Capabilities for Digital Leadership", MIS Quarterly Executive, 15(2)., pp. 141-166

Ford(2015), Ford Smart Mobility Map

IBM(2011), Digital transformation: Creating new business models where digital meets physical

Jaap Bloem, Menno van Doorn, Sander Duivestei, et al.(2014), The Fourth Industrial Revolution Things to Tighten the Link Between IT and OT, SOGETI

Mark Muro, Scott Andes(2015), Robots Seem to Be Improving Productivity, Not Costing Jobs, *Harvard Business Review*, June 2015

Rick Ferfuson(2013), Showrooming and the rise of the mobile-assisted shopper, Columbia Business School Center on Global Brand Leadership, AIMIA

Scott D. Anthony(2015), Leading a Digital Transformation? Learn to Code, *Harvard Business Review*, September 2015

Shahyan Khan(2016), "Leadership in the Digital Age - a study on the effects of digitalization on top management leadership", *Master Thesis*, Stockholm Business School, Stockholm, Sweden, 54 pages

Target Corporation(2007), Corporate Fact Card

Target Corporation, Target Corporation Annual Report 2005 – 2017

The Boston Consulting Group(2010), Innovation 2010: A Return to Prominence-and the Emergence of a New World Order, April 2010.

Thibaut Wautelet(2017), "The Impact of Digitalization on International Companies: A Case Study of LEGO", *Master Thesis*, European University for Economics & Management Luxembourg, Luxembourg, 16 pages

Yehezkel Dror(1996), Improving Critical Choices, *Futures*, Volume 28, Issues 6–7, Pages 559-562

김진하(2016), "제4차산업혁명 시대, 미래사회 변화에 대한 전략적 대응 방안 모색", KISTEP R&D Inl

윤기영(2016), "4차 산업혁명에 대한 비판적 검토와 논의의 전환 필요성", 미래연구 1권 2호

윤기영(2018), "지식사회의 약속은 여전히 유효한가: 지식사회 2.0에 대한 전망", 미래연구 3권1호

윤기영(2018). 3D 프린팅 미래전략 보고서. 3DFia

윤기영·이상지·배일한 등(2017), KAIST 미래관리방법론 프레임워크 V1.1, KAIST 미래전략센터

이상근(2018), 2018 한국 유통산업 어디로 가는가? - 딜로이트 코리아 유통산업 리

더에게 질문하고 답하다, Deloitte Korea Review No. 10. pp. 26-35

日本経済再生本部(2016), 日本再興戦略

웹사이트

Amazon, "Amazon Go," https://www.amazon.com/b?ie=UTF8&node=16008589
011(accessed 2018.10.22.)

Andreas Gissler, Mark Pearson, Joakim Percival and Cedric Vatier(2016),
"Engineering the future: Fully digitizing is key to industrial equipment
success", Accenture

Augus Dawson, Martin Hirt, and Jay Scanlan(2016), "The economic essentials
of digital strategy: A supply and demand guide to digital disruption,"
McKinsey & Company, https://www.mckinsey.com/business-functions/
strategy-and-corporate-finance/our-insights/the-economic-essentials-of-digital-
strategy(accessed2018.10.22.)

bl1884(2016), Ford is no longer 'just an auto company', HBS Digital Initiative,
2016.11.17., https://rctom.hbs.org/submission/ford-is-no-longer-just-an-auto-
company/

Bloomberg(2018), "Company Overview of Target Corporation," https://www.
bloomberg.com/research/stocks/private/person.asp?personId=9778343&privc
apId=174438(accessed 2018.10.22.)

Crunchbase, "Target Overview," https://www.crunchbase.com/organization/
target#section-overview(accessed 2018.10.22.)

Daphne Howland(2017), "Target unveils $7B plan to overhaul stores, digital
operations," RetailDive, March 1 2017, https://www.retaildive.com/news/
target-unveils-7b-plan-to-overhaul-stores-digital-operations/437139/(accessed
2018.10.22.)

David Clark Scott(2013), "Beyoncé Sticks It To Target, Giving Wal-Mart Shoppers
$37,500 In Gift Cards," Business Insider, December 22 2013, https://www.
businessinsider.com/beyonc-sticks-it-to-target-2013-12(accessed 2018.10.03.)

Ford(2015), "FORD AT CES ANNOUNCES SMART MOBILITY PLAN AND 25

GLOBAL EXPERIMENTS DESIGNED TO CHANGE THE WAY THE WORLD
MOVES," January 6 2015, https：//media.ford.com/content/fordmedia/
fna/us/en/news/2015/01/06/ford-at-ces-announces-smart-mobility-plan.
html(accessed2018.10.22.)

Ford(2016), FORD SMART MOBILITY LLC ESTABLISHED TO DEVELOP, INVEST
IN MOBILITY SERVICES；JIM HACKETT NAMED SUBSIDIARY CHAIRMAN,
Ford Homepage, 2016.3.11. https：//media.ford.com/content/fordmedia/fna/
us/en/news/2016/03/11/ford-smart-mobility-llc-established—jim-hackett-
named-chairman.html

Ford(2018), CHARIOT EXPANDS LONDON SHUTTLE SERVICE TO HELP
COMPANIES CUT COMMUTES AND CONGESTION, IMPROVE ACCESS
TO JOBS, Ford Homepage, 2018.8.30. https：//media.ford.com/content/
fordmedia/feu/en/news/2018/08/30/chariot-expands-london-shuttle-service-
to-help-companies-cut-com.html

Hayley Peterson(2014), "Meet the Average Wal-Mart Shopper," Business Insider,
September 18 2014, https：//www.businessinsider.com/meet-the-average-wal-
mart-shopper-2014-9(accessed 2018.10.20.)

Howard Tiersky(2017), "How Target is reimagining its stores to compete in the
digital world," CIO, March 21 2017, https：//www.cio.com/article/3183486/
internet/targets-reimagined-store-aims-to-win-in-the-digital-world.
html(accessed2018.10.01.)

JAMES F. PELTZ(2017), "After Lego sales drop for first time in 13 years, the firm
plans to cut jobs and 'reset the company'". Los Angeles Times, http：//www.
latimes.com/business/la-fi-lego-cuts-20170905-story.html

James F. Peltz(2017), "After Lego sales drop for first time in 13 years, the firm
plans to cut jobs and 'reset the company,'" September 5 2017, Los Angeles
Times, http：//www.latimes.com/business/la-fi-lego-cuts-20170905-story.
html(accessed2018.10.22.)

Jason Karaian(2018), "Lego's annual financial results," ATLAS, https：//www.
theatlas.com/charts/SJ5Xu0i_G(accessed 2018.10.22.)

Keith Caulfield(2013), "Target Not Selling Beyonce's New Album," Billboardbiz, December 16 2013, https://www.billboard.com/biz/articles/news/digital-and-mobile/5839839/target-not-selling-beyonces-new-album(accessed2018.10.03.)

Kevin Rands(2017), "Digital Transformation: How Ford is Transitioning to a Software Company," May 4 2017, Disruptor daily, https://www.disruptordaily. com/digital-transformation-ford-transitioning-software-company/ (accessed2018.10.22.)

Larry Dignan(2017), "Ford CEO Hackett: Digital transformation means making the business fit first". ZDNet, https://www.zdnet.com/article/ford-ceo-hackett-digital-transformation-means-making-the-business-fit-first/

Mark Fields(2015), "Mark Fields: 2015 Consumer Electronics Show," Ford, January 6 2015, https://media.ford.com/content/dam/fordmedia/North%20 America/US/2015/01/06/MarkFieldsCESRemarks.pdf(accessed 2018.10.22.)

Mike O'Brien(2018), "3 ways Target is trying to become "America's easiest place to shop"," May 21 2018, https://www.clickz.com/target-easiest-shop/214576/

Mike O'Brien(2018), "Target Boosts Its Omnichannel Fulfillment Capabilities," Multichannel Merchant, March 12 2018, https://multichannelmerchant.com/ operations/target-boosts-omnichannel-fulfillment-capabilities/

Nabila Amarsy(2015), "LEGO's Great Business Model Turnaround Story," April 13 2015, Strategyzer, https://blog.strategyzer.com/posts/2015/4/13/legos-great-business-model-turnaround-story(accessed2018.10.22.)

Nabila Amarsy(2015), "LEGO's Great Business Model Turnaround Story". Strategyzer, https://blog.strategyzer.com/posts/2015/4/13/legos-great-business-model-turnaround-story

Rpark(2018), "LEGOs: Still "The Apple of Toys"?," Digital Initiative, February 1 2018, https://digit.hbs.org/submission/legos-still-the-apple-of-toys/ (accessed2018.10.22.)

RPARK(2018), "LEGOs: Still "The Apple of Toys"?", Digital Initiative, https:// digit.hbs.org/submission/legos-still-the-apple-of-toys/

STATISTA, Most valuable brands within the automotive sector worldwide as of 2018, by brand value (in billion U.S. dollars), https://www.statista.com/ statistics/267830/brand-values-of-the-top-10-mostvaluable-car-brands/

STATISTA, Global net income of the Ford Motor Company from FY 2007 to FY 2017 (in million U.S. dollars), https://www.statista.com/statistics/239719/ global-net-income-of-the-ford-motor-company/

STATISTA, Ford's revenue from FY 2008 to FY 2018 (in million U.S. dollars), https://www.statista.com/statistics/267305/total-revenue-of-ford/

Target(2017), "Sneak Peek: Target's Plans to Reimagine Stores," March 20 2017, https://corporate.target.com/article/2017/03/reimagined-target-stores

Target(2017), "Target Expands Restock Next-Day Essentials Delivery Service to 8 New Markets – One-Fifth of U.S. Population," September 21 2017, https:// corporate.target.com/article/2017/09/target-restock-expands-new-markets

TJ McCue(2015), 3D Print Your Favorite Ford Vehicle -- With New Ford 3D Store, Forbes, 2015.7.11. https://www.forbes.com/sites/tjmccue/2015/06/11/3d-print-your-favorite-ford-vehicle-with-new-ford-3d-store/#791d88015e29

Todd Jaquith, "Things to Come – A timeline of cuture technology," Futurism, http://wordpress.futurism.com/images/things-to-come-a-timeline-of-future-technology-infographic/(accessed2018.10.16.)

Tom Caporaso(2017), "Target's Plans Highlight the Importance of an Omnichannel Strategy," TotalRetail, April 24 2017, https://www.mytotalretail. com/article/targets-plans-highlight-importance-omnichannel-strategy/

World Economic Forum, "Digital Transformation 〉 LEGO Group, http://reports. weforum.org/digital-transformation/lego-group/

World Economic Forum, "Leveraging digital technologies to transform the business model and become one of the most successful toymakers," http:// reports.weforum.org/digital-transformation/lego-group/(accessed2018.10.22.)

Zach Simmering(2014), "Is 3D Printing a General Purpose Technology?." May 5 2014, Econ. of I&E, Lawrence University, http://lui-e.blogspot.com/2014/05/ is-3d-printing-general-purpose.html(accessed2018.10.16.)

김덕현(2018), "지금이라도 4차 산업혁명 대응정책 재정립해야," Startup4,

2018.10.12., http://www.startup4.co.kr/news/articleView.html?idxno=11034&fbclid=IwAR0mr7KMptGIqx6fXa3DxQwfwFJ-RJw6eSmaQoFzoXxGYS9vIsBi7TOeUAg(2018.10.17.방문)

김성훈(2018), "'혁신의 아이콘'으로 거듭나는 유통 기업들," 한국경제매거진, 2018.04.11., http://magazine.hankyung.com/business/apps/news?popup=0&nid=01&c1=1013&nkey=2018040901167000141&mode=sub_view(2018.10.22.방문)

노정연(2018), "'백화점' 가고 '체험형 아웃렛' 온다," 주간경향, 2018.01.02., http://weekly.khan.co.kr/khnm.html?mode=view&artid=201712261900031&code=114(2018.10.22. 방문)

노현웅(2017), "넘쳐나는 PB 상품…유통업체엔 '득', 제조업체엔 '독'," 한겨레, 2017.08.16., http://www.hani.co.kr/arti/PRINT/806983.html(2018.10.22. 방문)

윤기영(2018), "[ET단상] 기업 디지털전략, 누가 만들어야 하나," 전자신문, 2018.10.03., http://www.etnews.com/20181002000092(2018.10.16.방문)

윤기영(2018), "병이 든 자본주의…변혁의 토론장이 필요하다," 한겨레, 2018.08.01., http://www.hani.co.kr/arti/science/future/855702.html(2018.10.17.방문)

찾 아 보 기

■ 저자 소개

윤기영
- 경희대학교 법과대학 법학사
- 한국과학기술원(KAIST) 문술미래전략대학원 미래학 석사
- 성균관대학교 국정전문대학원 행정학 박사 수료
- 전 삼일PwC Director
- 전 투이컨설팅 이사보
- 현 FnS Consulting 대표
- 현 한국외국어대학교 경영학부 겸임교수
- 현 미래학회 이사

김숙경
- 아주대학교 산업공학 공학사
- 한국과학기술원(KAIST) IT경영학부 경영학 석사
- 한국과학기술원(KAIST) 기술경영학부 경영학 박사
- 전 한국정보화진흥원 전자정부기획부/IT신기술사업팀 등 책임연구원
- 전 동국대학교 산학협력중점교수
- 현 공공SW 수발주제도 전문 강사
- 현 세종특별자치도 4차산업혁명위원회 위원
- 현 한국과학기술원(KAIST) 기술경영학부 초빙교수

박가람
- 한국과학기술원(KAIST) IT경영학부 경영학 학사
- 한국과학기술원(KAIST) IT경영학부 경영학 석사
- 전 한국산업기술진흥원 연구원
- 현 (주)다이노랩 대표이사
- 현 (사)아시아교류협력센터 이사

디지털 트랜스포메이션을 위한 비즈니스 모델링

초판발행	2019년 2월 28일
지은이	윤기영 · 김숙경 · 박가람
펴낸이	안종만
편 집	전채린
기획/마케팅	이영조
표지디자인	조아라
제 작	우인도 · 고철민
펴낸곳	(주) **박영사**
	서울시 종로구 새문안로 3길 36, 1601
	등록 1959. 3. 11. 제300-1959-1호(倫)
전 화	02)733-6771
f a x	02)736-4818
e-mail	pys@pybook.co.kr
homepage	www.pybook.co.kr
ISBN	979-11-303-0699-5 03320

정 가   18,000원